# StudyHelp

## 6. Klasse Mathematik Lernheft
inklusive Lernvideos, Aufgaben und Lösungen

Copyright © 2019 StudyHelp
StudyHelp GmbH, Paderborn
WWW.STUDYHELP.DE

1. Auflage

Autor: Hannah Rauterberg

Redaktion & Satz: Carlo Oberkönig
Kontakt: verlag@studyhelp.de
Umschlaggestaltung, Illustration: StudyHelp GmbH
Druck: WirMachenDruck GmbH

ISBN 978-3-947-**50608**-8

# Inhalt

# 1 Teilbarkeit und Vielfache

Aus dem letzten Jahr wissen wir bereits, wie wir zwei Zahlen **dividieren** (teilen) sowie **multiplizieren** (Mal nehmen). *Teiler und Vielfache bestimmen* funktioniert sehr ähnlich.

## 1.1 Teiler

Wenn wir noch einmal genauer an die **Division** zurückdenken, erinnern wir uns bestimmt auch daran, dass es Ergebnisse **mit** und Ergebnisse **ohne Rest** gab. Wenn wir zum Beispiel 56 durch 5 teilen, dann lautet das Ergebnis: 11 Rest 1, da $5 \cdot 11 + 1 = 56$ ist. Der **Teiler** einer Zahl ist ein Divisor, für den kein Rest bleibt. Die 5 ist also kein Teiler von 56, da ein Rest von 1 bleibt. Aber die 2 ist zum Beispiel ein Teiler, da 56 : 2 = 28 Rest 0.

### 1.1.1 Teilermenge bestimmen

Eine **Menge** können wir als eine Zusammenfassung von mehreren Elementen, in unserem Fall Zahlen, verstehen. Die **Teilermenge** $\mathcal{T}$ umfasst also alle Teiler einer Zahl. Wir schreiben Teilermengen mit geschwungenen Klammern, zwischen denen alle Teiler stehen.

Teilermenge bestimmen

**Beispiel 1.1** *Wir betrachten einmal die Zahl 6 und wollen die Teilermenge bestimmen. Dafür fangen wir vorne an und arbeiten uns Schritt für Schritt bis zu der 6 selbst weiter vor.*

- *Ist die 1 ein Teiler? → Ja, denn 6 : 1 = 6 Rest 0*

- *Ist die 2 ein Teiler? → Ja, denn 6 : 2 = 3 Rest 0*

- *Ist die 3 ein Teiler? → Ja, denn 6 : 3 = 2 Rest 0*

- *Ist die 4 ein Teiler? → Nein, denn 6 : 4 = 1 Rest 2*

- *Ist die 5 ein Teiler? → Nein, denn 6 : 5 = 1 Rest 1*

- *Ist die 6 ein Teiler?* → *Ja, denn* 6 : 6 = 1 *Rest* 0

*Somit können wir die Teilermenge schreiben als:* $T_6 = \{1; 2; 3; 6\}$.

> **Die Quersumme** einer Zahl ist die Summe jeder einzelnen Ziffer, aus der diese Zahl besteht. Für eine 67 würden wir also 6 + 7 rechnen. Diesen Trick werden wir gleich noch nutzen, da die Quersumme uns einiges über die Zahl selbst verraten kann!

Für die Zahl 6 ist es natürlich kein Problem, bei 1 anzufangen und hoch zu zählen um alle Teiler zu finden, aber was würden wir für die 56 tun? Hierfür gibt es ein paar nützliche Tricks!

> Jede positive, ganze Zahl wie 1, 2, 3, 4, ...
>
> - ... ist durch 1 teilbar.
>
> - ... ist durch sich selbst teilbar (z.B. 56 : 56 = 1 Rest 0).
>
> - ... die gerade ist, ist durch 2 teilbar.
>
> - ... deren Quersumme durch 3 teilbar ist, ist auch durch 3 teilbar.
>
> - ... deren zwei letzte Ziffern durch 4 teilbar sind, ist auch durch 4 teilbar.
>
> - ... die auf 0 oder 5 endet, ist durch 5 teilbar.
>
> - ... die durch 2 **und** 3 teilbar ist, ist auch durch 6 teilbar.
>
> - ... deren letzten drei Ziffern durch 8 teilbar sind, ist auch durch 8 teilbar.
>
> - ... deren Quersumme durch 9 teilbar ist, ist auch durch 9 teilbar.
>
> - ... die auf 0 endet, ist durch 10 teilbar.

Auch für die 7 gibt es verschiedene Tricks, die allerdings relativ lang und nicht unbedingt einfacher sind. In diesem Fall testen wir also einfach, ob die Zahl ohne Rest durch sieben teilbar ist. Weiterhin, können wir durch den Quotienten auf weitere Teiler schließen. Wir wissen zum Beispiel, dass 4 ein Teiler von 56 ist, da 56 : 4 = 14 Rest 0. Umgekehrt wissen wir somit, dass 14 ein Teiler von 56 ist, da 56 : 14 = 4 Rest 0. Bestimmen wir einmal gemeinsam die komplette Teilermenge von 56:

**Beispiel 1.2**

1. $T_{56} = \{\}$.

2. Die 1 gehört immer zur Teilermenge einer ganzen Zahl $\rightarrow T_{56} = \{1\}$

3. Jede Zahl ist durch sich selbst teilbar $\rightarrow T_{56} = \{1; 56\}$

4. Die 56 ist eine gerade Zahl, also ist die 2 auch ein Teiler $\rightarrow T_{56} = \{1; 2; 56\}$

5. $56 : 2 = 28$ Rest 0 also $56 : 28 = 2$ Rest 0 $\rightarrow T_{56} = \{1; 2; 28; 56\}$

6. $5 + 6 = 11$ und $11 : 3 = 3$ Rest 2, die 3 ist somit **kein** Teiler.

7. $56 : 4 = 14$ Rest 0 $\rightarrow T_{56} = \{1; 2; 4; 28; 56\}$

8. $56 : 4 = 14$ Rest 0 also $56 : 14 = 4$ Rest 0 $\rightarrow T_{56} = \{1; 2; 4; 14; 28; 56\}$

9. Da 56 nicht auf 0 oder 5 endet, ist die 5 **kein** Teiler.

10. Die 2 ist ein Teiler, aber die 3 nicht, also ist auch die 6 **kein** Teiler.

11. $56 : 7 = 8$ Rest 0 $\rightarrow T_{56} = \{1; 2; 4; 7; 14; 28; 56\}$

12. $56 : 7 = 8$ Rest 0 also $56 : 8 = 7$ Rest 0 $\rightarrow T_{56} = \{1; 2; 4; 7; 8; 14; 28; 56\}$

13. Die Quersumme 11 ist nicht ohne Rest durch 9 teilbar, somit ist die 9 **kein** Teiler von 56.

14. Da 56 nicht auf 0 endet, ist die 10 **kein** Teiler.

Als Teilermenge von 56 ergibt sich somit: $T_{56} = \{1; 2; 4; 7; 8; 14; 28; 56\}$

**Funfact:** Wenn die Quersumme durch 3 teilbar ist, ist auch die Quersumme der Quersumme durch 3 teilbar! Probiert das doch mal mit 93 aus. Das gleiche gilt auch für die Quersumme und die 9.

**Aufgabe 1.1.1** *Entscheide im Folgenden ob die Aussagen wahr, oder falsch sind. Begründe basierend auf den oben gelernten Tricks.*

a) 64 ist durch 2 teilbar.

b) 26 ist durch 4 teilbar.

c) 36 ist durch 3 teilbar.

d) 28 ist durch 6 teilbar.

e) 12 ist durch 5 teilbar.

f) 72 ist durch 9 teilbar.

g) 58 ist durch 8 teilbar.

h) 87 ist durch 3 teilbar.

**Aufgabe 1.1.2** *Finde den Fehler in folgenden Teilermengen:*

a) $T_{15} = \{1; 3; 5; 8; 15\}$

b) $T_{14} = \{1; 2; 14\}$

c) $T_{28} = \{2; 4; 7; 14\}$

**Aufgabe 1.1.3** *Bestimme die Teilermenge von:*

a) 27      b) 36      c) 60      d) 18      e) 9      f) 100

## 1.1.2  Größter gemeinsamer Teiler

Wenn nach einem größten gemeinsamen Teiler gefragt ist, bezieht sich das immer auf mindestens zwei **Dividenden**. Jeder Dividend hat eine eigene Teilermenge und Zahlen, die in allen Teilermengen vorkommen, sind gemeinsame Teiler. Der **größte Teiler, der in allen Teilermengen vorkommt**, ist der größte gemeinsame Teiler. Dieser wird oft auf als *ggT* abgekürzt.

**Beispiel 1.3** *Betrachten wir die beiden Zahlen 12 und 18. Als erstes bilden wir die Teilermenge von beiden Zahlen:*

$$T_{12} = \{1; 2; 3; 4; 6; 12\} \text{ und } T_{18} = \{1; 2; 3; 6; 9; 18\}$$

*Dann unterstreichen wir alle Zahlen, die in beiden Mengen vorkommen:*

$$T_{12} = \{\underline{1}; \underline{2}; \underline{3}; 4; \underline{6}; 12\} \text{ und } T_{18} = \{\underline{1}; \underline{2}; \underline{3}; \underline{6}; 9; 18\}$$

*Es gibt vier Zahlen, die in beiden Mengen vorkommen, aber die 6 ist davon die größte. Somit ist 6 der größte gemeinsame Teiler von 12 und 18. Wir schreiben also ggT(12; 18) = 6.*

**Aufgabe 1.1.4** *Bestimme den größten gemeinsamen Teiler von:*

a) 6 *und* 8          c) 28 *und* 30          e) 12 *und* 40

b) 12 *und* 16          d) 7 *und* 13          f) 25 *und* 100

**Aufgabe 1.1.5** *Fülle die Tabelle aus, indem du immer den größten gemeinsamen Teiler in das richtige Feld schreibst.*

| ggT | 2 | 8 | 18 | 22 | 42 |
|-----|---|---|----|----|----|
| 6   |   |   |    | 6  |    |
| 12  |   | 6 |    |    |    |
| 28  |   |   |    |    |    |
| 35  |   | 1 |    |    |    |

## 1.2 Vielfache

Wenn wir uns an die **Multiplikation** zurückerinnern, dann haben wir beim 1 mal 1 verschiedene Abfolgen gelernt, wie $1 \cdot 6 = 6, 2 \cdot 6 = 12, 3 \cdot 6 = 18$ und so weiter. 18 nennen wir auch ein Vielfaches von 6. Die Vielfachen einer Zahl sind somit alle Zahlen, die durch diese Zahl teilbar sind. Die Vielfachen von 6 sind also

$$6, 12, 18, 24, \ldots$$

oder mit anderen Worten

$$1 \cdot 6, \ 2 \cdot 6, \ 3 \cdot 6, \ 4 \cdot 6, \ldots$$

Am Ende schreiben wir "...", da natürlich immer weiter Vielfache gebildet werden können. Die Punkte deuten somit an, dass noch mehr Vielfache existieren, wir aber nicht alle aufschreiben.

### 1.2.1 Vielfachenmenge bestimmen

Ähnlich wie bei einer Teilermenge, lässt sich auch eine Vielfachenmenge schreiben als: $V_6 = \{6; 12; 18; 24; \ldots\}$.

**Aufgabe 1.2.1** *Bestimme die ersten fünf Vielfachen von*

*a)* 3        *b)* 7        *c)* 12        *d)* 15

**Aufgabe 1.2.2** *Welche Vielfachmengen sind hier angegeben?*

*a)* $V_? = \{4; 8; 12; 16; 20; \ldots\}$      *c)* $V_? = \{\ldots; 16; 24; 32; 40; 48 \ldots\}$

*b)* $V_? = \{7; 14; 21; 28; 35; \ldots\}$      *d)* $V_? = \{\ldots; 26; 39; 52; 65; 78; \ldots\}$

### 1.2.2 Kleinstes gemeinsames Vielfaches

Ähnlich wie beim größten gemeinsamen Teiler, bezieht sich ein gemeinsames Vielfaches immer auf mehr als eine Zahl. Wir bilden von jeder Zahl eine Vielfachenmenge und die **erste Zahl, die in allen Mengen vorkommt** ist das kleinste gemeinsame Vielfache. Es wird häufig auch als *kgV* abgekürzt.

**Beispiel 1.4** *Betrachten wir einmal die beiden Zahlen 12 und 18. Als erstes bilden wir die Vielfachenmengen, mit den ersten paar Vielfachen:*

$$V_{12} = \{12; 24; 36; 48; 60; 72; 84; 96; 108; \ldots\}$$

*und*

$$V_{18} = \{18; 36; 54; 72; 90; 108; \ldots\}.$$

*Dann unterstreichen wir alle Zahlen, die in beiden Mengen vorkommen:*

$$\mathcal{V}_{12} = \{12; 24; \underline{36}; 48; 60; \underline{72}; 84; 96; \underline{108}; \dots\}$$

*und*

$$\mathcal{V}_{18} = \{18; \underline{36}; 54; \underline{72}; 90; \underline{108}; \dots\}.$$

*Es gibt drei Zahlen, die in beiden Mengen vorkommen, aber die* 36 *ist die kleinste davon. Somit ist die* 36 *das kleinste gemeinsame Vielfache von* 12 *und* 18. *Wir schreiben also:* $kgV(12; 18) = 36.$

**Anmerkung:** Die Vielfachenmengen müssen maximal bis zum Vielfachen voneinander aufgeschrieben werden, falls also vorher kein gemeinsames Vielfaches existiert, wäre spätestens das Produkt ein gemeinsames Vielfaches. Für 3 und 7 zum Beispiel ist das kleinste gemeinsame Vielfache $21 = 3 \cdot 7$.

**Tipp:** Falls du das kleinste gemeinsame Vielfache von einer großen und einer kleinen Zahl suchst, wie zum Beispiel 17 und 4, dann ist es oft einfacher die Vielfachen von der großen Zahl zu bilden und zu prüfen ob diese ohne Rest durch die kleine Zahl teilbar sind.

**Aufgabe 1.2.3** *Bestimme das kleinste gemeinsame Vielfache:*

a) 2 *und* 5            c) 5 *und* 7            e) 14 *und* 24

b) 12 *und* 24       d) 6 *und* 8            f) 4 *und* 17

**Aufgabe 1.2.4** *Fülle die Tabelle aus, indem du immer das kleinste gemeinsame Vielfache in das richtige Feld schreibst.*

| kgV | 3 | 7 | 12 | 15 | 36 |
|-----|---|---|----|----|----|
| 5   |   |   |    | 15 |    |
| 8   |   | 56|    |    |    |
| 12  |   |   |    |    |    |
| 20  |   |   | 60 |    |    |

## 1.3 Primzahlen

Bei dem Abschnitt zu den Teilermengen ist dir bestimmt schon aufgefallen, dass es einige Zahlen gab, die nur die 1 und sich selber in der Menge hatten. Solche Zahlen nennen wir Primzahlen.

Primzahlen

**Beispiel 1.5** *Die Teilermengen von Primzahlen sehen dann so aus:*

$$T_2 = \{1; 2\}, \; T_3 = \{1; 3\}, \; T_5 = \{1; 5\}, \; T_{23} = \{1; 23\}$$

Wir sehen also ob eine Zahl eine Primzahl ist oder nicht, indem wir die Teilermenge bilden und diese genau 2 Elemente hat. (Die 1 ist somit **keine** Primzahl!)

> **Exkurs:** Das **Sieb des Eratosthenes** ist eine Methode um Primzahlen zu finden. Dafür schreiben wir alle Zahlen von 2 angefangen auf, bis zum Beispiel 100 (am besten in ein 10x10 Netz). Wir wissen, dass die 2 eine Primzahl ist und jede Zahl, die ein Vielfaches von 2 ist nicht (da sie dann ja die 2 als Teiler hat). Also umkreisen wir die zwei und streichen alle Vielfachen durch. Dann gehen wir weiter zur nächsten Zahl, die noch nicht durchgestrichen wurde, der 3. Hier verfahren wir genauso, umkreisen die 3 und streichen alle Vielfachen durch. Das machen wir immer weiter, bis wir keine Zahlen mehr durchstreichen können. Alle Zahlen die nicht durchgestrichen wurden sind Primzahlen und wir haben alle Primzahlen bis 100 gefunden!

**Aufgabe 1.3.1** *Sieb des Erastothenes. Gehe wie oben beschrieben vor und finde alle Primzahlen bis 100.*

|    | 2  | 3  | 4  | 5  | 6  | 7  | 8  | 9  | 10  |
|----|----|----|----|----|----|----|----|----|-----|
| 11 | 12 | 13 | 14 | 15 | 16 | 17 | 18 | 19 | 20  |
| 21 | 22 | 23 | 24 | 25 | 26 | 27 | 28 | 29 | 30  |
| 31 | 32 | 33 | 34 | 35 | 36 | 37 | 38 | 39 | 40  |
| 41 | 42 | 43 | 44 | 45 | 46 | 47 | 48 | 49 | 50  |
| 51 | 52 | 53 | 54 | 55 | 56 | 57 | 58 | 59 | 60  |
| 61 | 62 | 63 | 64 | 65 | 66 | 67 | 68 | 69 | 70  |
| 71 | 72 | 73 | 74 | 75 | 76 | 77 | 78 | 69 | 80  |
| 81 | 82 | 83 | 84 | 85 | 86 | 87 | 88 | 89 | 90  |
| 91 | 92 | 93 | 94 | 95 | 96 | 97 | 98 | 99 | 100 |

### 1.3.1 Primfaktorzerlegung

Jede Zahl, die keine Primzahl ist, lässt sich als Produkt von Primzahlen schreiben. Zum Beispiel ist $10 = 2 \cdot 5$ oder $50 = 2 \cdot 5 \cdot 5$. Es gibt nur eine einzige Möglichkeit, wie wir eine Zahl als Produkt von Primzahlen schreiben können. Schauen wir uns das Vorgehen an zwei Beispielen an:

**Beispiel 1.6** *Zerlegen von der Zahl* 12:

- *Ist 12 durch 2 teilbar?*
  $\rightarrow$ *Ja!* 12 : 2 = 6.

- *Ist 6 durch 2 teilbar?*
  $\rightarrow$ *Ja!* 6 : 2 = 3

- *3 ist ebenfalls eine Primzahl und 12 kann somit nicht weiter zerlegt werden.*

*Die Primfaktorzerlegung von 12 ist also* $2 \cdot 2 \cdot 3$

**Beispiel 1.7** *Zerlegen von der Zahl* 980:

- *Ist 980 durch 2 teilbar?*
  $\rightarrow$ *Ja!* 980 : 2 = 490.

- *Ist 490 durch 2 teilbar?*
  $\rightarrow$ *Ja!* 490 : 2 = 245.

- *Ist 245 durch 2 teilbar?*
  $\rightarrow$ *Nein!*

- *Ist 245 durch 3 teilbar?*
  $\rightarrow$ *Nein!*

- *Ist 245 durch 5 teilbar?*
  $\rightarrow$ *Ja!* 245 : 5 = 49.

- *Ist 49 durch 5 teilbar?*
  $\rightarrow$ *Nein!*

- *Ist 49 durch 7 teilbar?*
  $\rightarrow$ *Ja!* 49 : 7 = 7

- *7 ist ebenfalls eine Primzahl und 980 kann somit nicht weiter zerlegt werden.*

*Die Primfaktorzerlegung von 980 ist also* $2 \cdot 2 \cdot 5 \cdot 7 \cdot 7$

Primfaktor-
zerlegung

Wir gehen also so vor, dass wir mit der kleinsten Primzahl starten und unsere Ausgangszahl solange dadurch teilen, bis ein Rest bleiben würde.

Dann machen wir mit der nächst größeren Primzahl weiter.

**Aufgabe 1.3.2** *Zerlege folgende Zahlen in ihre Primfaktoren:*

   a) 6        b) 14        c) 50        d) 125        e) 256        f) 396

Primfaktoren können uns helfen, den größten gemeinsamen Teiler und das kleinste gemeinsame Vielfache zu finden.

## Größter gemeinsamer Teiler und die Primfaktorzerlegung

Um den größten gemeinsamen Teiler zu finden können wir auch wie folgt vorgehen:

*ggT*

1. Wir zerlegen beide Zahlen in ihre Primfaktoren.

2. Jede Zahl, die in beiden Zerlegungen vorkommt, notieren wir uns.

3. Das Produkt der notierten Zahlen ist der größte gemeinsame Teiler.

**Beispiel 1.8** *Betrachten wir noch einmal die Zahlen 12 und 18 und gehen Schritt für Schritt vor.*

1. *$12 = 2 \cdot 2 \cdot 3$ und $18 = 2 \cdot 3 \cdot 3$*

2. *2 und 3 kommen in beiden Primfaktorzerlegungen vor.*

3. *$2 \cdot 3 = 6$ ist der gesuchte größte gemeinsame Teiler.*

**Beispiel 1.9** *Versuchen wir das gleiche für zwei größere Zahlen: 336 und 120.*

1. *$336 = 2 \cdot 2 \cdot 2 \cdot 2 \cdot 3 \cdot 7$ und $120 = 2 \cdot 2 \cdot 2 \cdot 3 \cdot 5$*

2. *2, 2, 2 und 3 kommen in beiden Primfaktorzerlegungen vor.*

3. *$2 \cdot 2 \cdot 2 \cdot 3 = 24$ ist der gesuchte größte gemeinsame Teiler.*

**Aufgabe 1.3.3** *Finde den größten gemeinsamen Teiler der beiden Zahlen, indem du sie in ihre Primfaktoren zerlegst.*

a) 6 *und* 8      c) 16 *und* 56      e) 9 *und* 67

b) 15 *und* 21      d) 30 *und* 40      f) 140 *und* 54

## Kleinstes gemeinsames Vielfaches und die Primfaktorzerlegung

Um das kleinste gemeinsame Vielfache zu finden, gehen wir ein wenig anders vor:

Vielfache und *kgV*

1. Wir zerlegen die kleinere Zahlen in ihre Primfaktoren.

2. Die größere Zahl zerlegen wir ebenfalls in ihre Primfaktoren und schreiben diese **darunter**.

3. Wir streichen dann von unten nach oben bei der kleineren Zahlen alle Primfaktoren durch, die in der größeren Zahl bereits vorkommen.

4. Alle nicht durchgestrichenen Zahlen multiplizieren wir und erhalten somit das kleinste gemeinsame Vielfache.

**Beispiel 1.10** *Versuchen wir das einmal für die Zahlen 60 und 24. Wir gehen Schritt für Schritt vor.*

1. $24 = 2 \cdot 2 \cdot 2 \cdot 3$

2. $60 = 2 \cdot 2 \cdot 3 \cdot 5$

*Nun streichen wir alle Primfaktoren in der 24, die bereits in der 60 vorkommen.*

1. $24 = \cancel{2} \cdot \cancel{2} \cdot 2 \cdot \cancel{3}$

2. $60 = 2 \cdot 2 \cdot 3 \cdot 5$

*Übrig bleiben also die Zahlen 2, 2, 2, 3 und 5. Wenn wir diese multiplizieren erhalten wir das kleinste gemeinsame Vielfache: $2 \cdot 2 \cdot 2 \cdot 3 \cdot 5 = 120$.*

**Beispiel 1.11** *Probieren wir das gleiche für zwei größere Zahlen: 420 und 66.*

1. $66 = 2 \cdot 3 \cdot 11$

2. $420 = 2 \cdot 2 \cdot 3 \cdot 5 \cdot 7$

*Nun streichen wir wieder alle Primfaktoren in der 66, die in der 420 bereits vorkommen:*

1. $66 = \cancel{2} \cdot \cancel{3} \cdot 11$

2. $420 = 2 \cdot 2 \cdot 3 \cdot 5 \cdot 7$

*Übrig bleiben also die Zahlen 2, 2, 3, 5, 7 und 11. Wenn wir diese multiplizieren erhalten wir das kleinste gemeinsame Vielfache: $2 \cdot 2 \cdot 3 \cdot 5 \cdot 7 \cdot 11 = 4620$.*

**Aufgabe 1.3.4** *Finde das kleinste gemeinsame Vielfache der beiden Zahlen, indem du sie in ihre Primfaktoren zerlegst.*

a) 3 und 8            c) 105 und 25           e) 20 und 24

b) 5 und 25           d) 4 und 10             f) 12 und 15

# 2 Brüche

Bisher haben wir uns fast ausschließlich mit ganzen Zahlen befasst, also 1 und 2 und 3 und so weiter. Aber was tun wir, wenn wir „nicht ganze Dinge " betrachten wollen? So isst man doch meist nicht einen ganzen Kuchen, sondern nur einen Teil davon! Zum Beispiel einen halben Kuchen. Oder noch weniger: Einen Viertel Kuchen. Mathematisch würden wir das als $\frac{1}{2}$ oder $\frac{1}{4}$ schreiben. Diese Schreibweise nennen wir einen Bruch. Genau genommen bedeutet das, dass wir den Kuchen in zwei gleich große Teile teilen und eines davon essen. Falls wir nur $\frac{1}{4}$ Kuchen essen, dann schneiden wir den Kuchen in vier gleich große Stücke und essen eines davon. Bruchrechnen verfolgt euch noch bis in alle Klassenstufen und sogar noch weiter, es ist also sehr wichtign dass ihr das Prinzip versteht. Deswegen werden wir uns in diesem Kapitel sehr ausführlich mit Brüchen beschäftigen.

## 2.1 Zähler und Nenner

Ein Bruch unterteilt sich immer in den **Zähler** und den **Nenner**.

**Beispiel 2.1** *Verschiedene Brüche:*

$$\frac{1}{2}, \frac{3}{4}, \frac{4}{8}, \frac{6}{9}, \frac{7}{6}$$

**Beispiel 2.2**

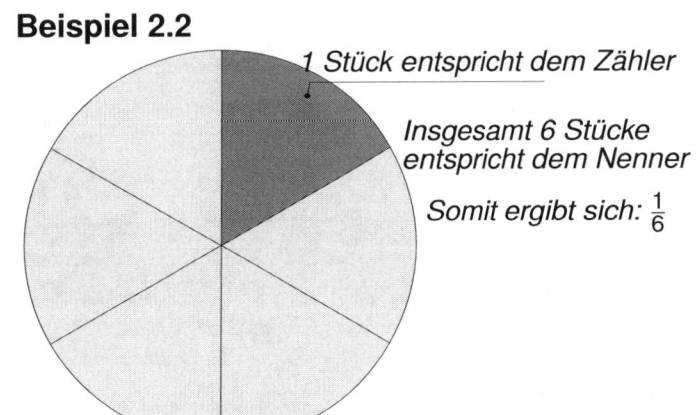

*1 Stück entspricht dem Zähler*

*Insgesamt 6 Stücke entspricht dem Nenner*

*Somit ergibt sich:* $\frac{1}{6}$

Einführung zu Brüchen

Dabei nennen wir den Strich, der die beiden Zahlen trennt, den **Bruchstrich**. Die Zahl, die **über dem Bruchstrich** steht, ist der **Zähler** (in dem obigen Fall links also $1, 3, 4, 8, 6$ und $7$). Die Zahl **unter dem Bruchstrich** ist der **Nenner**, also $2, 4, 8, 9$ und $6$. In Texten werden Brüche der Einfachheit halber auch oft nur so geschrieben: 1/2 oder 3/4. Die Bedeutung ist genau die Gleiche als würden wir $\frac{1}{2}$ oder $\frac{3}{4}$ schreiben oder 1 : 2 oder 3 : 4. **Der Bruchstrich ist also wie Division**. Wir können Brüche auch als Wörter schreiben. Dabei wird der Zähler zuerst genannt und als normale Zahl ausgeschrieben. Der Nenner wird mit der Endung „-tel" versehen und als zweites geschrieben. So wird aus $\frac{2}{3}$ also **zwei Drittel**. Wenn der Nenner eine 2 ist, dann schreiben wir nicht „Zweitel" sondern **Halb**.

**Merksatz:** Damit wir uns erinnern können, was beim Bruch oben und was unten steht, merken wir uns

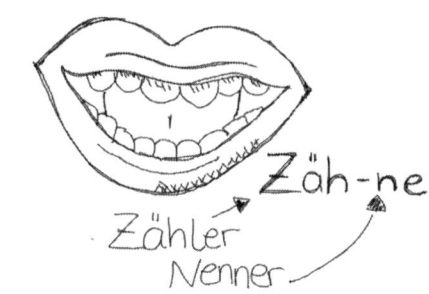

**Beispiel 2.3**

*Zwei Drittel*      $\frac{2}{3}$      *2/3*

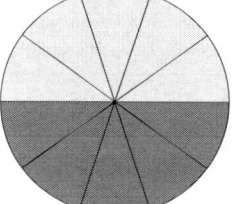 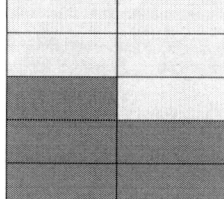

**Beispiel 2.4**

*Fünf Zehntel*      $\frac{5}{10}$      *5/10*

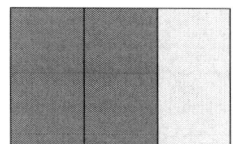

**Beispiel 2.5**

*Acht Sechstel*      $\frac{8}{6}$      *8/6*

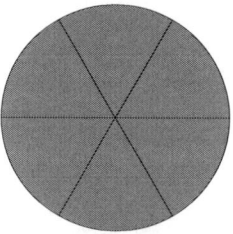 

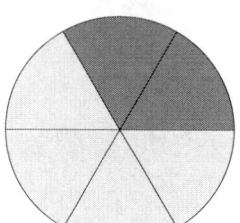 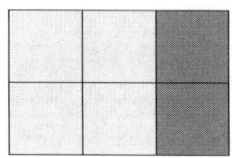

Es gibt verschiedene Arten von Brüchen. Insgesamt unterscheiden wir zwischen

- **echten Brüchen:** Der Betrag der Zählers ist kleiner als der Betrag des Nenners ($\frac{3}{4}$ , $\frac{7}{10}$ , ... ).

- **unechten Brüchen:** Der Betrag des Zählers ist größer oder gleich dem Betrag des Nenners ($\frac{5}{5}$ , $\frac{8}{6}$ , ... ).

- **gemischten Brüchen:** Eine ganze Zahl plus einen Bruch ($1 + \frac{1}{2}$ , $2 + \frac{2}{5}$ , ... ).

- **Stammbrüchen:** Der Zähler ist 1 ($\frac{1}{4}$ , $\frac{1}{10}$ , ... ).

- **Doppelbrüchen:** Im Zähler und/oder im Nenner steht selbst wieder ein Bruch ($\frac{3}{4}/2$ , $4/\frac{7}{10}$ , $\frac{1}{2}/\frac{3}{4}$ , ... ).

- **Scheinbrüchen:** Der Bruch hat eine ganze Zahl als Wert ($\frac{2}{2} = 1$ , $\frac{21}{7} = 3$).

**Anmerkung:** Es ist wichtig, dass der Nenner niemals Null wird. Wie wir aus der Division bereits wissen, kann man nicht durch Null teilen. Da der Bruchstrich eine Division anzeigt, darf also der Nenner nicht Null werden.

**Aufgabe 2.1.1** *Stell die folgenden Abbildungen als Brüche dar:*

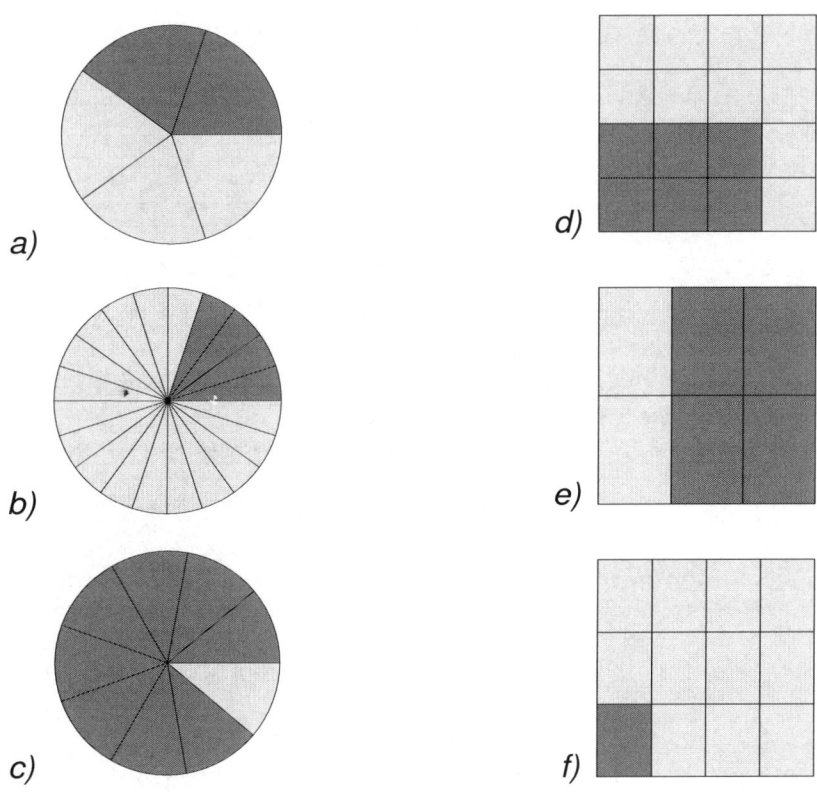

a)

b)

c)

d)

e)

f)

**Aufgabe 2.1.2** *Kennzeichne die entsprechenden Brüche in den folgenden Abbildungen:*

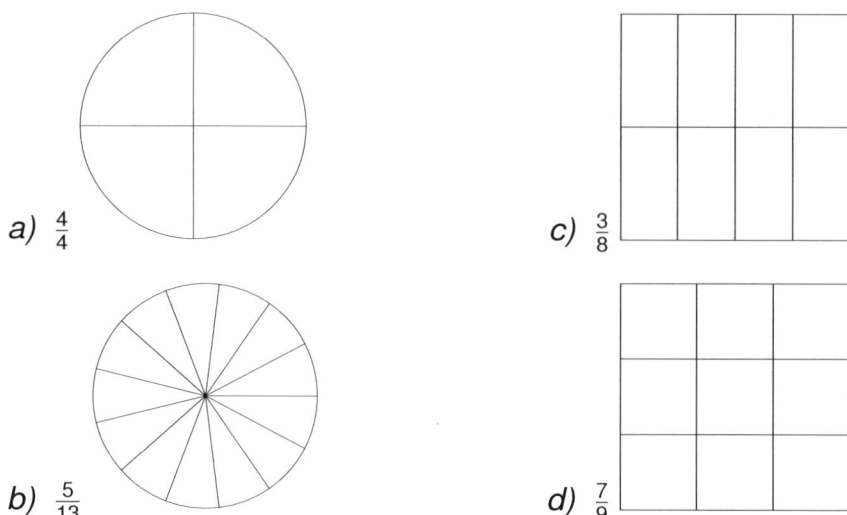

a) $\frac{4}{4}$

b) $\frac{5}{13}$

c) $\frac{3}{8}$

d) $\frac{7}{9}$

## 2.2 Gemischte Brüche

Umwandeln
von Brüchen

Bei dem Beispiel 2.5 sehen wir, dass Brüche auch Zahlen darstellen können, die größer als Eins sind. Dies ist immer erkennbar daran, dass der Zähler größer ist als der Nenner. Nehmen wir zum Beispiel $\frac{3}{2}$. Dies können wir natürlich wie bekannt darstellen als:

oder auch so:

Wir haben somit $1 + \frac{1}{2}$ Kuchen. Wir können also ausrechnen, wie viele Ganze wir haben, indem wir schauen, wie oft der Nenner ohne Rest in den Zähler passt. Den Rest schreiben wir dann als neuen Zähler auf den Bruchstrich und der Nenner bleibt gleich.

**Beispiel 2.6** *Bei $\frac{3}{2}$ passt die 2 einmal in die 3 mit Rest 1. Somit ergibt sich $1 + \frac{1}{2}$.*

**Beispiel 2.7** *Bei $\frac{22}{5}$ passt die 5 vier-Mal in den Zähler mit Rest 2, wir haben also $4 + \frac{2}{5}$.*

Wenn wir eine gemischte Zahl in einen Bruch umwandeln wollen, dann müssen wir uns zuerst überlegen, wie wir die ganze Zahl, die vor dem Bruch steht, als Bruch schreiben würden.

**Beispiel 2.8** *Betrachten wir $2 + \frac{1}{4}$. Wir haben insgesamt zwei ganze Kuchen und noch ein Viertel Kuchen. Die zwei Kuchen lassen sich ebenfalls in vier Stücke unterteilen, also haben wir zwei $\frac{4}{4}$ Kuchen sowie ein weiteres Viertel. Also haben wir insgesamt $\frac{9}{4}$ Kuchen.*

**Aufgabe 2.2.1** *Schreibe die folgenden unechten Brüche als gemischte Brüche aus.*

a) $\frac{4}{3}$      b) $\frac{12}{10}$      c) $\frac{29}{7}$      d) $\frac{105}{25}$      e) $\frac{30}{5}$      f) $\frac{33}{12}$

**Aufgabe 2.2.2** *Schreibe die folgenden gemischten Brüche Brüche als unechte Brüche aus.*

a) $1 + \frac{2}{3}$      b) $1 + \frac{2}{12}$      c) $2 + \frac{5}{7}$      d) $2 + \frac{8}{9}$      e) $5 + \frac{2}{5}$      f) $6 + \frac{1}{6}$

## 2.3 Kürzen und Erweitern

Ein Bruch hat viele verschiedene Darstellungsweisen. So können wir uns vorstellen, dass $\frac{1}{2}$ das Gleiche ist wie $\frac{2}{4}$ oder $\frac{5}{10}$ oder $\frac{50}{100}$. Beides beschreibt genau die Hälfte des Ganzen. Was diese Brüche gemein haben, ist dass der Nenner immer genau doppelt so groß ist wie der Zähler. Brüche können wir also in ihrer Form verändern, ohne dass sich der Wert ändert. Dafür haben wir zwei Werkzeuge zur Verfügung: **Kürzen** und **Erweitern**.

### 2.3.1 Kürzen

Kürzen bedeutet verkleinern - und genau das tun wir. Betrachten wir einmal den Bruch $\frac{2}{4}$. Hier sehen wir, dass sowohl der Zähler als auch der Nenner durch 2 teilbar ist. Genau das können wir also tun:

$$\frac{2}{4} = \frac{2:2}{4:2} = \frac{1}{2}$$

Indem wir Zähler und Nenner **durch die gleiche Zahl teilen**, verändern wir den Wert nicht, aber vereinfachen den Bruch. Dies ist natürlich nur möglich, wenn Zähler und Nenner durch die gleiche Zahl teilbar sind. Der einfachste Weg ist also immer: durch den **größten gemeinsamen Teiler** zu teilen.

**Beispiel 2.9** $\dfrac{8}{24} = \dfrac{8:8}{24:8} = \dfrac{1}{3}$      **Beispiel 2.10** $\dfrac{6}{10} = \dfrac{6:2}{10:2} = \dfrac{3}{5}$

### 2.3.2 Erweitern

Brüche
erweitern

Ähnlich wie bei Kürzen, verändern wir die Form des Bruchs, ohne den Wert zu verändern. Dafür müssen wir sowohl Zähler, als auch Nenner, mit einem beliebigen Faktor multiplizieren.

**Beispiel 2.11** $\dfrac{2}{3} = \dfrac{2 \cdot 2}{3 \cdot 2} = \dfrac{4}{6}$

**Beispiel 2.12** $\dfrac{4}{10} = \dfrac{4 \cdot 3}{10 \cdot 3} = \dfrac{12}{30}$

### 2.3.3 Brüche auf den gleichen Nenner bringen

Größen-
vergleich

Manchmal kann es wichtig sein, zwei Brüche auf den gleichen Nenner zu bringen. Nehmen wir zum Beispiel $\frac{1}{4}$ und $\frac{1}{5}$. Bei diesem beiden Brüchen sehen wir nicht sofort, welcher größer und welcher kleiner ist. Um zwei Brüche also miteinander vergleichen zu können, müssen wir sie auf **den gleichen Nenner** bringen. Dafür gehen wir wie folgt vor:

- Wir suchen das kleinste gemeinsame Vielfache der beiden Nenner.

- Beide Nenner werden auf das *kgV* erweitert.

- Die Zähler werden mit dem Faktor multipliziert, mit dem der jeweilige Nenner zum *kgV* erweitert wurde (Faktor = *kgV* : Nenner).

Der neue gemeinsame Nenner wird auch als **Hauptnenner** bezeichnet.

> **Anmerkung:** In den meisten Fällen ist es einfach, das kleinste gemeinsame Vielfache zu bestimmen. Falls die Nenner allerdings große Zahlen sind, dann ist es natürlich auch möglich, den größten gemeinsamen Teiler zu bestimmen und dann zu Kürzen. Falls die Zahlen klein genug sind, ist es auch immer möglich die Nenner miteinander zu multiplizieren, da das Produkt immer ein Vielfaches von den Nennern ist.

**Beispiel 2.13** *Wir haben $\frac{3}{8}$ und $\frac{1}{6}$ gegeben und wollen beide Brüche auf den gleichen Nenner bringen. Das kleinste gemeinsame Vielfache von 8 und 6 ist 24, wir rechnen also:*

$$\frac{3 \cdot 3}{8 \cdot 3} = \frac{9}{24} \text{ und } \frac{1 \cdot 4}{6 \cdot 4} = \frac{4}{24}$$

*Jetzt sehen wir auch direkt, dass $\frac{3}{8}$ größer ist als $\frac{1}{6}$.*

**Beispiel 2.14** *Betrachten wir $\frac{3}{10}$ und $\frac{3}{9}$. Das kleinste gemeinsame Vielfache von 9 und 10 ist 90, wir rechnen also:*

$$\frac{3 \cdot 9}{10 \cdot 9} = \frac{27}{90} \quad \text{und} \quad \frac{3 \cdot 10}{9 \cdot 10} = \frac{30}{90}$$

*Jetzt sehen wir, dass $\frac{3}{9}$ größer ist als $\frac{4}{10}$.*

**Aufgabe 2.3.1** *Kürze die folgenden Brüche so weit es geht.*

a) $\frac{8}{12}$   b) $\frac{150}{250}$   c) $\frac{128}{200}$   d) $\frac{16}{6}$   e) $\frac{27}{9}$   f) $\frac{5}{7}$

**Aufgabe 2.3.2** *Erweitere die Brüche jeweils mit der angegebenen Zahl.*

a) $\frac{3}{5}$ *mit* 5   b) $\frac{4}{6}$ *mit* 3   c) $\frac{1}{3}$ *mit* 4   d) $\frac{2}{7}$ *mit* 3   e) $\frac{20}{25}$ *mit* 5   f) $\frac{17}{48}$ *mit* 2

**Aufgabe 2.3.3** *Bringe die Zahlen auf den gleichen Nenner und ordne sie der Größe nach, indem du $>$, $<$ und $=$ nutzt.*

a) $\frac{3}{4}$ *und* $\frac{4}{5}$   c) $\frac{8}{3}$ *und* $\frac{1}{2}$   e) $\frac{2}{3}$ *und* $\frac{2}{5}$   g) $\frac{2}{4}$ *und* $\frac{3}{6}$ *und* $\frac{5}{10}$

b) $\frac{2}{5}$ *und* $\frac{1}{20}$   d) $\frac{5}{8}$ *und* $\frac{1}{6}$   f) $\frac{3}{8}$ *und* $\frac{3}{6}$   h) $\frac{5}{11}$ *und* $\frac{5}{13}$ *und* $\frac{5}{14}$

## 2.4 Addieren und Subtrahieren

Das Addieren und Subtrahieren von Brüchen ist eigentlich ganz einfach, solange eine Regel immer beachtet wird:

**Merksatz:** Bevor wir addieren oder subtrahieren, müssen wir die Brüche auf den gleichen Nenner bringen.

Solange wir diese Regel immer beachten, ist das Rechnen selbst nicht schwer. Wir gehen also wie folgt vor:

- Wir bringen die Brüche auf den gleichen Nenner.

- Die **Zähler** werden entsprechend addiert oder subtrahiert.

- Der Nenner bleibt wie er ist.

**Beispiel 2.15** $\dfrac{1}{2} + \dfrac{1}{3} = \dfrac{1 \cdot 3}{2 \cdot 3} + \dfrac{1 \cdot 2}{3 \cdot 2} = \dfrac{3}{6} + \dfrac{2}{6} = \dfrac{3 + 2}{6} = \dfrac{5}{6}$

**Beispiel 2.16** $\dfrac{7}{2} + \dfrac{8}{4} = \dfrac{7 \cdot 2}{2 \cdot 2} + \dfrac{8}{4} = \dfrac{14}{4} + \dfrac{8}{4} = \dfrac{14 + 4}{4} = \dfrac{22}{4} = \dfrac{11}{2} = 5 + \dfrac{1}{2}$

**Beispiel 2.17** $\dfrac{5}{6} - \dfrac{1}{3} = \dfrac{5}{6} - \dfrac{1 \cdot 2}{3 \cdot 2} = \dfrac{5}{6} - \dfrac{2}{6} = \dfrac{5 - 2}{6} = \dfrac{3}{6} = \dfrac{1}{2}$

**Beispiel 2.18** $\dfrac{1}{6} - \dfrac{7}{8} = \dfrac{1 \cdot 4}{6 \cdot 4} - \dfrac{8 \cdot 3}{8 \cdot 3} = \dfrac{4}{24} - \dfrac{21}{24} = \dfrac{4 - 21}{24} = -\dfrac{17}{24}$

**Beispiel 2.19**

$$\dfrac{1}{2} + \dfrac{3}{4} + \dfrac{2}{5} + 2 = \dfrac{1 \cdot 10}{2 \cdot 10} + \dfrac{3 \cdot 5}{4 \cdot 5} + \dfrac{2 \cdot 4}{5 \cdot 4} + \dfrac{2 \cdot 20}{20} = \dfrac{10}{20} + \dfrac{15}{20} + \dfrac{8}{20} + \dfrac{40}{20}$$

$$= \dfrac{10 + 15 + 8 + 40}{20} = \dfrac{73}{20}$$

Wie ihr an Beispiel 2.16 sehen könnt, ist es üblich nach dem Addieren oder Subtrahieren den Bruch wieder zu Kürzen. Dieser Schritt hilft, mit dem Bruch einfach weiter zu rechnen.

Hauptnenner finden

**Aufgabe 2.4.1** *Berechne:*

a) $\frac{2}{5} + \frac{1}{5}$      c) $\frac{2}{3} - \frac{1}{6}$      e) $\frac{7}{3} + \frac{1}{4}$      g) $\frac{1}{8} + \frac{3}{4}$

b) $\frac{4}{8} - \frac{3}{8}$      d) $\frac{5}{4} + \frac{1}{2}$      f) $\frac{1}{3} - \frac{1}{2}$      h) $\frac{3}{7} + \frac{5}{7} + \frac{2}{21}$

Brüche addieren

**Aufgabe 2.4.2** *Berechne und gib alle Zwischenschritte mit an.*

a) *Startzahl:* $\frac{4}{9}$*, plus* $\frac{2}{3}$*, minus* $\frac{8}{12}$*, minus* $\frac{9}{36}$*, plus* $\frac{2}{9}$*.*

b) *Startzahl:* $\frac{1}{2}$*, plus* $\frac{8}{9}$*, minus* $\frac{7}{6}$*, plus* $\frac{17}{27}$*, plus* $\frac{5}{6}$*.*

## 2.5 Multiplizieren

Multiplizieren fällt Schülern oft leichter als Addieren oder Subtrahieren. Auch hier gilt es eine Regel zu beachten:

**Merkbox:** Zähler · Zähler und Nenner · Nenner.

**Beispiel 2.20** $\dfrac{2}{5} \cdot \dfrac{1}{3} = \dfrac{2 \cdot 1}{5 \cdot 3} = \dfrac{2}{15}$     **Beispiel 2.21** $-\dfrac{2}{3} \cdot \dfrac{4}{7} = -\dfrac{2 \cdot 4}{3 \cdot 7} = -\dfrac{8}{21}$

**Beispiel 2.22** $-\dfrac{1}{4} \cdot -\dfrac{3}{8} = \dfrac{(-1) \cdot (-3)}{4 \cdot 8} = \dfrac{3}{32}$     **Beispiel 2.23** $\dfrac{1}{4} \cdot 3 = \dfrac{1 \cdot 3}{4 \cdot 1} = \dfrac{3}{4}$

Brüche multiplizieren

Wenn wir zwei echte Brüche, also bei beiden ist der Zähler kleiner als der Nenner, miteinander multiplizieren, dann ist der Bruch der dabei herauskommt kleiner. Wir können uns das so vorstellen: Wir wollen einen halben Kuchen noch einmal halbieren, also bleibt uns nur noch ein Viertel Kuchen übrig.

Wenn wir einen Bruch mit einer ganzen Zahl Mal nehmen, dann multiplizieren wir den Zähler mit der ganzen Zahl und der Nenner bleibt wie er ist. Dies funktioniert, da wir jede ganze Zahl auch schreiben können als: $2 = \frac{2}{1}$. Der Nenner wird also nur mit eins Mal genommen. Nach dem multiplizieren kürzen wir wieder den Bruch so weit es geht.

**Aufgabe 2.5.1** *Berechne:*

a) $\frac{1}{3} \cdot \frac{1}{4}$     c) $\frac{3}{4} \cdot \frac{1}{3}$     e) $\frac{7}{13} \cdot \frac{3}{11}$     g) $\frac{25}{3} \cdot \frac{21}{20}$

b) $\frac{2}{5} \cdot \frac{1}{3}$     d) $\frac{7}{8} \cdot \frac{8}{3}$     f) $\frac{4}{9} \cdot 2$

Beim Multiplizieren ist es oft hilfreich vor dem Rechnen zu prüfen, ob ein Bruch gekürzt werden kann. Für das Kürzen hier gibt es noch ein paar Tricks:

**Beispiel 2.24**

$$\frac{12}{13} \cdot \frac{13}{12} = \frac{12 \cdot 13}{13 \cdot 12} = \frac{12 \cdot 13}{12 \cdot 13} = \frac{12}{12} \cdot \frac{13}{13} = 1 \cdot 1 = 1$$

*Was wir also tun können, ist den **Zähler des einen Bruchs gegen den Nenner des anderen Bruchs zu kürzen**:*

$$\frac{\cancel{12}}{13} \cdot \frac{13}{\cancel{12}} = \frac{1}{13} \cdot \frac{13}{1} = \frac{1}{\cancel{13}} \cdot \frac{\cancel{13}}{1} = \frac{1}{1} \cdot \frac{1}{1} = 1$$

Betrachten wir noch ein paar weitere Beispiele:

**Beispiel 2.25** $\dfrac{7}{4} \cdot \dfrac{3}{7} = \dfrac{\cancel{7}}{4} \cdot \dfrac{3}{\cancel{7}} = \dfrac{1}{4} \cdot \dfrac{3}{1} = \dfrac{3}{4}$

Es ist natürlich auch möglich, über Kreuz durch einen gemeinsamen Teiler zu kürzen:

**Beispiel 2.26** $\dfrac{8}{10} \cdot \dfrac{3}{16} = \dfrac{\cancel{8}}{10} \cdot \dfrac{3}{16^{\nearrow :8}} = \dfrac{1}{10} \cdot \dfrac{3}{2} = \dfrac{3}{20}$

**Beispiel 2.27** $\dfrac{9}{4} \cdot \dfrac{5}{21} = \dfrac{9^{\nearrow :3}}{4} \cdot \dfrac{5}{21^{\nearrow :3}} = \dfrac{3}{4} \cdot \dfrac{5}{7} = \dfrac{15}{28}$

**Beispiel 2.28** $\dfrac{12}{4} \cdot \dfrac{2}{36} = \dfrac{\cancel{12}}{4^{\nearrow :2}} \cdot \dfrac{\cancel{2}}{36^{\nearrow :12}} = \dfrac{1}{2} \cdot \dfrac{1}{3} = \dfrac{1}{6}$

> **WICHTIG:** *Dies ist **nicht** möglich, wenn wir **addieren oder subtrahieren**! Sobald ein Plus oder ein Minus zwischen den beiden Zahlen steht, **müssen** wir die Zahlen auf den gleichen Nenner bringen und es kann **nicht vorher über Kreuz gekürzt werden**!*

**Aufgabe 2.5.2** *Kürze über Kreuz und Berechne dann:*

a) $\frac{3}{4} \cdot \frac{2}{3}$　　　　b) $\frac{13}{2} \cdot \frac{2}{13}$　　　　c) $\frac{21}{5} \cdot \frac{15}{7}$　　　　d) $\frac{78}{63} \cdot \frac{14}{13}$

## 2.6　Dividieren

Übersicht
Brüche

Um zwei Brüche durcheinander zu teilen wenden wir einen Trick an: **Wir nehmen mit dem Kehrwert Mal.** Was ist jetzt ein Kehrwert? Um den Kehrwert eine Bruches zu bilden, **vertauschen wir Zähler und Nenner.** Das sind sieht dann so aus: $\frac{1}{2} \curvearrowright \frac{2}{1}$. Das Dividieren sieht also insgesamt so aus:

**Beispiel 2.29**　　*1.* $\dfrac{2}{3} : \dfrac{1}{2}$

*2. Bilde den Kehrwert von $\frac{1}{2}$ und ersetze das geteilt durch ein Mal:* $= \dfrac{2}{3} \cdot \dfrac{2}{1}$

*3. Berechne:* $= \dfrac{4}{3}$

*4. Falls gewünscht schreiben wir den Bruch als gemischten Bruch:* $= 1 + \dfrac{1}{3}$

**Beispiel 2.30**　$\dfrac{63}{18} : \dfrac{14}{6} = \dfrac{63}{18} \cdot \dfrac{6}{14} = \dfrac{63^{\nearrow :7}}{18^{\nearrow :6}} \cdot \dfrac{\cancel{6}}{14^{\nearrow :7}} = \dfrac{9}{3} \cdot \dfrac{1}{2} = \dfrac{9}{6} = \dfrac{3}{2}$

Wenn wir durch eine ganze Zahl teilen, dann bilden wir auch hier den Kehrwert, indem wir eine eins als Zähler und die ganze Zahl als Nenner schreiben: $2 = \frac{2}{1} \curvearrowright \frac{1}{2}$

**Beispiel 2.31**　$\dfrac{3}{4} : 2 = \dfrac{3}{4} \cdot \dfrac{1}{2} = \dfrac{3}{8}$

**Aufgabe 2.6.1** *Berechne:*

a) $\frac{3}{2} : \frac{2}{5}$　　　　b) $\frac{1}{4} : \frac{4}{5}$　　　　c) $\frac{3}{2} : \frac{5}{2}$　　　　d) $\frac{48}{9} : \frac{12}{3}$

**Anmerkung:** Wenn wir einen Bruch durch einen Bruch teilen, dann haben wir

bisher immer $\frac{63}{18} : \frac{14}{6}$ geschrieben. Dort kann allerdings auch $\dfrac{\frac{63}{18}}{\frac{14}{6}}$ stehen. $\frac{63}{18}$

ist schließlich auch nichts anderes als 63 : 18!

**Übersicht:**

| | |
|---|---|
| **Addieren und Subtrahieren** | • Alle Brüche auf den gleichen Nenner bringen: $\frac{12}{2} + \frac{1}{4} = \frac{24}{4} + \frac{1}{4}$ <br><br> • Zähler addieren: $\frac{24+1}{4} = \frac{25}{4}$ <br><br> • Falls möglich Kürzen. |
| **Multiplizieren** | • Falls möglich Kürzen: $\frac{12}{2} \cdot \frac{1}{4} = \frac{12^{:4}}{2} \cdot \frac{1}{\cancel{4}} = \frac{3}{2} \cdot \frac{1}{1}$ <br><br> • Zähler · Zähler und Nenner · Nenner: $\frac{3}{2} \cdot \frac{1}{1} = \frac{3 \cdot 1}{2 \cdot 1} = \frac{3}{2}$ <br><br> • Falls möglich Kürzen. |
| **Dividieren** | • Kehrwert des Divisors bilden und : in · umwandeln: $\frac{12}{2} : \frac{1}{4} = \frac{12}{2} \cdot \frac{4}{1}$ <br><br> • Weiteres Vorgehen wie beim Multiplizieren. |

# Notizen

# 3 Dezimalzahlen

Im vorherigen Kapitel haben wir bereits gelernt, wie wir durch Brüche Zahlen darstellen, die kleiner sind als Eins. Zwischen den ganzen Zahlen wie 0, 1, 2 und so weiter, gibt es noch viele weitere Zahlen! In diesem Kapitel lernen wir die Darstellung solcher Zahlen als Dezimalzahl. Was ist jetzt also eine Dezimalzahl überhaupt?

Eine Dezimalzahl oder auch **Kommazahl** hat folgenden Merkmale:

- Eine Dezimalzahl weist immer ein Komma auf.

- Wir verwenden sie, um Nicht-ganze-Zahlen darzustellen. Also wie bei einem Bruch: Teile an etwas Ganzem.

- Wir unterscheiden zwischen den Stellen vor dem Komma und den Stellen nach dem Komma.

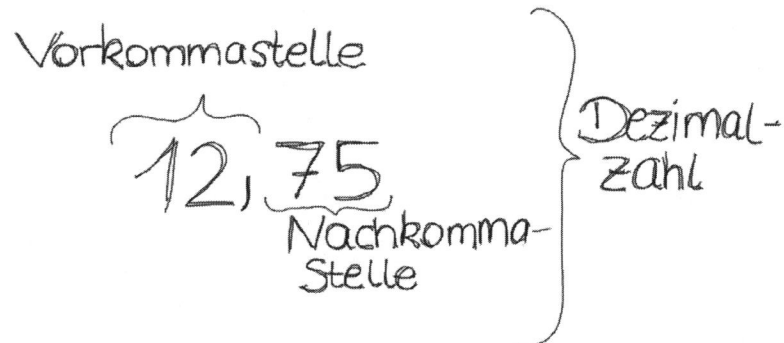

So wie wir die Zahlen schreiben, lesen wir sie auch vor. Mit dem Unterschied, dass jede Nachkommastelle einzeln genannt wird. Wir würden also für die obige Zahl nicht „Zwölf Komma Fünfundsiebzig" sagen, sondern „Zwölf Komma Sieben Fünf".

## 3.1 Dezimalzahlen schreiben

Aus der Grundschule und der fünften Klasse kennen wir bereits die Idee, die Einer, Zehner und Hunderter in eine Tabelle zu schreiben und somit eine ganze Zahl zusammenzusetzen. Genau das gleiche tun wir jetzt auch für Dezimalzahlen, nur haben wir jetzt auch kleinere Stellen als Einer, nämlich Zehntel, Hundertstel und so weiter.

| Hunderter | Zehner | Einer | Zehntel | Hundertstel | Tausendstel |
|---|---|---|---|---|---|
|  |  |  |  |  |  |

Aber wie können wir uns die kleinen Stellen vorstellen?

**Beispiel 3.1** *Hier sehen wir zwischen 0 und 1 noch die* **Zehntel** *aufgetragen. Angefangen bei null Zehntel = 0, dann ein Zehntel = 0,1 bis hin zu neun Zehntel 0,9 und zehn Zehntel = 1:*

0      0,1      0,2      0,3      0,4      0,5      0,6      0,7      0,8      0,9      1

**Beispiel 3.2** *Hier betrachten wir nur den Abschnitt zwischen 0 und 0, 1, auf dem wir die* **Hundertstel** *aufgetragen haben. Angefangen bei null Hundertstel = 0, dann ein Hundertstel = 0,01 bis hin zu neun Hundertstel 0,09 und zehn Hundertstel = 0,1:*

0      0,01      0,02      0,03      0,04      0,05      0,06      0,07      0,08      0,09      0,1

Auf diese Art und Weise können wir die Abschnitte immer kleiner wählen, indem wir als nächstes den Bereich zwischen 0 und 0,01 betrachten und **Tausendstel** auftragen. Dies ist natürlich für alle Abschnitte möglich und funktioniert auch zwischen der 1 und 2, wo wir Zehntel auftragen können oder zwischen der 0,7 und 0,8 wo wir Hundertstel auftragen können.

Jeder Abschnitt lässt sich immer weiter in kleinere Abschnitte unterteilen, sodass wir immer kleinere Zahlen erhalten und Unterschiede zwischen unglaublich kleinen Größen bestimmen können. So ist ein Blatt Papier zum Beispiel 0,15mm dick.

Wir ergänzen also die Stellenwerttabelle, wie oben beschrieben, um ein paar Spalten. Dabei steht der Doppelstrich in der Mitte für ein Komma.

| Hunderter | Zehner | Einer | Zehntel | Hundertstel | Tausendstel |
|---|---|---|---|---|---|
| 100 | 10 | 1 | $\frac{1}{10} = 0,1$ | $\frac{1}{100} = 0,01$ | $\frac{1}{1000} = 0,001$ |

Eine Dezimalzahl können wir also wie folgt unterteilen:

**Beispiel 3.3** $25,5 = 20 + 5,5 = 20 + 5 + 0,5 = 20 + 5 + \dfrac{5}{10}$

**Beispiel 3.4**

$$123,456 = 100 + 23,456 = 100 + 20 + 3,456 = 100 + 20 + 3 + 0,456$$

$$= 100 + 20 + 3 + \frac{4}{10} + 0,056 = 100 + 20 + 3 + \frac{4}{10} + \frac{5}{100} + 0,006$$

$$= 100 + 20 + 3 + \frac{4}{10} + \frac{5}{100} + \frac{6}{1000}$$

Versuchen wir also einmal ein paar Dezimalzahlen in die Stellenwerttabelle einzutragen:

| Bruch | Hunderter | Zehner | Einer | Zehntel | Hundertstel | Tausendstel | Dezimalzahl |
|---|---|---|---|---|---|---|---|
| $\frac{1}{10}$ | | | 0 | 1 | | | 0,1 |
| $\frac{11}{10}$ | | | 1 | 1 | | | 1,1 |
| $\frac{35}{100}$ | | | 0 | 3 | 5 | | 0,35 |
| $\frac{1}{1000}$ | | | 0 | 0 | 0 | 1 | 0,001 |
| $\frac{55}{1000}$ | | | 0 | 0 | 5 | 5 | 0,055 |

Betrachten wir die $\frac{35}{100}$ einmal genauer. Wie finden wir heraus, welche Stelle nun welche ist? Dafür schauen wir uns den Nenner an: Eine **Hundert**. Also gehen wir in der Tabelle in die **Hunderstel-Spalte**. Jetzt müssen wir den Zähler betrachten. Diesen tragen wir jetzt von **rechts nach links gelesen** Zahl für Zahl ein. In die Hundertstel-Spalte tragen wir also eine 5 ein und in die Zehntel-Spalte eine 3. In die Einer-Spalte tragen wir eine Null ein und erhalten somit 0,35.

Schauen wir uns auch die $\frac{55}{1000}$ noch einmal genauer an. Dafür betrachten wir wieder den Nenner, in diesem Fall eine **Tausend**. Wir gehen in der Stellenwerttabelle also in die **Tausendstel-Spalte** und tragen den Zähler, von rechts nach links gelesen ein, Zahl für Zahl ein. Als Erstes schreiben wir also eine 5 in die Tausendstel-Spalte. Dann eine 5 in die Hundertstel-Spalte. Da der Zähler nur aus zwei Zahlen besteht sind wir fertig und füllen bis zu der Einer-Spalte mit Nullen aus. Insgesamt erhalten wir also: 0,055.

## Die Null

Die Null ist sehr wichtig bei einer Stellenwerttafel. Von früher wissen wir bereits, dass in der Stellenwerttafel für fehlende Werte zwischen der Einer-Stelle und der größten Stelle Nullen eingetragen werden müssen. Die Nullen können wir aber für alle größeren unbesetzten Stellen weglassen. So ist es bei der 1000 wichtig, dass nach der 1 drei Nullen kommen, aber wir müssen nicht 0001000 schreiben um aufzuzeigen, dass die Millionen-Stellen nicht besetzt sind.

Dezimal-
zahlen

Sehr ähnlich ist es bei den Nachkommastellen. Alle Werte **von der Einer-Stelle aus bis zur kleinsten Nachkommastelle** müssen mit Nullen ausgefüllt werden! So ist es bei einer 0,05 wichtig, dass die Null eine leere Zehntel-Stelle anzeigt, aber eine weitere Null hinter der 5, also 0,050, wäre egal. Wir können also jegliche „Endnullen" weglassen und anstatt zum Beispiel 0,3000 zu schreiben auch nur 0,3 schreiben.

> **Funfact:** In einigen Ländern, wie z.B. Amerika oder England, verwendet man einen Punkt anstelle eines Kommas. Lasst euch also nicht verwirren!

**Ein paar wichtige Brüche mit Dezimalzahlen:**

- $\frac{1}{2} = 0,5$      • $\frac{1}{5} = 0,2$      • $\frac{1}{10} = 0,1$

- $\frac{1}{4} = 0,25$      • $\frac{1}{8} = 0,125$      • $\frac{1}{100} = 0,01$

**Aufgabe 3.1.1** *Schreibe zuerst in eine Tabelle und dann als Dezimalzahl:*

a) $3 + \frac{1}{10} + \frac{2}{100}$

b) $40 + 2 + \frac{3}{10} + \frac{5}{100} + \frac{1}{1000}$

c) $\frac{8}{10} + \frac{1}{1000}$

d) $\frac{347}{1000}$

e) $\frac{73}{10}$

f) $\frac{6301}{1000}$

g) $28 + \frac{1}{10} + \frac{22}{1000}$

h) $\frac{5}{10} + \frac{1}{100}$

**Aufgabe 3.1.2** *Schreibe als Bruch, indem du zählst, wie viele Nachkommastellen die Zahl hat:*

a) 0,34

b) 4,81

c) 0,001

d) 40,01

e) 0,101

f) 8,615

## 3.2 Dezimalzahlen vergleichen

Beim vergleichen von Dezimalzahlen gehen wir vor, wie wir es bei ganzen Zahlen auch tun. Wir gehen von links nach rechts durch und sobald die erste Ziffer größer ist, wissen wir welche Zahl größer ist.

**Beispiel 3.5** $5 > 3$ *und* $0,5 > 0,3$ *und* $0,05 > 0,03$

**Beispiel 3.6** *Vergleichen wir einmal 3,75 und 3,73:*

$$\underline{3},75 \ ? \ \underline{3},73$$

*Die erste Ziffer ist gleich, als überprüfen wir die nächste Ziffer:*

$$\underline{3,7}5 \ ? \ \underline{3,7}3$$

*Auch hier sind beide Ziffern gleich, als lesen wir weiter:*

$$\underline{3,75} > \underline{3,73}$$

*Hier stellen wir einen Unterschied fest. Da die 5 größer ist als die 3, wissen wir, dass die 3,75 größer ist, als die 3,73.*

Wir können uns das Komma quasi als Anker vorstellen:

$$12,5$$
$$2,5$$

Jede Stelle, die bei einer der beiden Zahlen besetzt ist und bei der anderen nicht, füllen wir mit einer Null auf:

$$12,5$$
$$02,5$$

Jetzt kann keine Verwirrung entstehen, welche Ziffer mit welcher Ziffer verglichen werden muss!

**Beispiel 3.7** *Welche Zahl ist größter, 3,14 oder 3,41?*

$$3,14$$
$$3,41$$

*Die erste Ziffer ist gleich, aber an der zweiten Stelle ist die 4 größer als die 1, also:*
*3,41 > 3,14.*

**Aufgabe 3.2.1** *Füge entsprechend $>$, $<$ oder $=$ ein.*

a) 0,341____0,342

b) 1,01____1,001

c) 2,423____3,423

d) 1,09____9,01

e) 20,02____20,022

f) 4____4,000

g) 3,21____3,12

h) 3,02____3,020

i) 2,3____3,2

j) 1,2345____1,23456

**Aufgabe 3.2.2** *Ordne der Größe nach. Beginne mit dem Größten.*

a) 0,3410; 0,4301; 0,1403; 0,1430; 1,4300; 1,0043

b) 2,4780; 0,2478; 4,7082; 0,2487; 2,4708; 8,0247

c) 3,0123; 3,1230; 3,3210; 3,3120; 3,1023; 3,1203

## 3.3 Dezimalzahlen runden

Runden von
Dezimal-
zahlen

Bevor wir Dezimalzahlen runden können, müssen wir wissen, auf wie viele Stellen nach dem Komma wir runden sollen. Die Anzahl an Nachkommastellen nennen wir auch **Genauigkeit**. Sagen wir zum Beispiel, dass wir auf zwei Nachkomma-stellen runden wollen. Wir schauen uns die dritte Nachkommastelle an und falls dort eine **Zahl kleiner als fünf** steht, **runden wir ab**. Falls dort eine **Zahl größer oder gleich fünf** steht, **runden wir auf.** Wir betrachten also immer die Ziffer **hinter der Stelle auf die wir runden wollen!** Zur Erinnerung: Abrunden bedeutet, dass die Zahl an der zweiten Stelle gleich bleibt und Aufrunden bedeutet, dass die Zahl an der zweiten Stelle um eins erhöht wird. Runden kennzeichnen wir auch durch dieses $\approx$ abgewandelte Gleichzeichen.

**Beispiel 3.8** *Wir wollen die Zahl 1,234567 auf zwei Stellen hinter dem Kom-ma runden. Wir betrachten also die dritte Stelle: 1,234567. An der dritten Stelle nach dem Komma finden wir eine 4, wir müssen als Abrunden. Wir erhalten also: 1,234567 $\approx$ 1,23.*

**Beispiel 3.9** *Wir wollen die gleiche Zahl jetzt aber auf drei Stellen hinter dem Komma runden. Betrachten wir also die vierte Stelle: 1,234567. An vierter Stelle steht eine 5, also müssen wir Aufrunden. Wir erhalten: 1,234567 $\approx$ 1,235.*

Was passiert, wenn die Zahl die wir Aufrunden wollen schon eine neun ist? In diesem Fall wird die Zahl zu einer Null und die Stelle links davon wird um 1 erhöht. Stellt euch das so vor: aus einer 9 wollen wir eine 10 machen. An der Einer-Stelle steht zwar eine Null, aber die Zehner-Stelle wurde um einen erhöht, also wurde die Zahl insgesamt größer. Falls dort wieder eine 9 steht, dann machen wir einfach wieder das Gleiche. Außerdem lassen wir die Nullen stehen, da wir so hinterher noch sehen können, auf welche Stelle gerundet wurde.

**Beispiel 3.10** *Wir wollen die 3,9961 auf die zweite Stelle runden. An dritter Stelle steht eine 6, wir runden also auf. Schritt für Schritt würde das Ganze so aussehen:*

$$3,99\underline{6}1 \approx 3,99^{+1} \approx 3,9^{+1}0 \approx 3^{+1},00 \approx 4,00$$

Wenn wir auf ganze Zahlen runden wollen, dann betrachten wir die Stelle direkt hinter dem Komma.

**Beispiel 3.11** *Wir runden auf ganze Zahlen.*

$$1,36 \approx 1$$
$$12,456 \approx 12$$
$$4,967 \approx 5$$
$$19,499 \approx 19$$

**Aufgabe 3.3.1** *Runde auf ganze Zahlen.*

a) 3,2

b) 5,231

c) 10,00

d) 12,82

e) 11,5

f) 14,214

g) 44,999

h) 12,34

i) 9,8

**Aufgabe 3.3.2** *Runde auf zwei Stellen hinter dem Komma.*

a) 1,3532

b) 0,1234

c) 9,8766

d) 1,4633

e) 2,0013

f) 1,9975

g) 12,342

h) 9,9983

i) 1,0101

## 3.4 Addition und Subtraktion

Das schriftliche Addieren und Subtrahieren von Dezimalzahlen unterscheidet sich kaum vom schriftlichen Addieren und Subtrahieren ganzer Zahlen, was wir bereits aus der fünften Klasse kennen. Wir wissen also bereits, dass wir die Zahlen, die wir verrechnen wollen, übereinander schreiben müssen. Die Zahlen werden immer nach **ihrem Stellenwert entsprechend** übereinander geschrieben. Einfacher gesagt: **Das Komma muss genau übereinander stehen!** Betrachten wir ein paar Beispiele.

**Anmerkung:** Im Folgenden werden wir der Einfachheit halber die Stellenwerttabelle abkürzen, sodass Zehner = $Z$, Einer = $E$ und die Nachkommastellen durch Brüche beschrieben werden.

**Beispiel 3.12**

| | $Z$ | $E$ | $\frac{1}{10}$ | $\frac{1}{100}$ | $\frac{1}{1000}$ |
|---|---|---|---|---|---|
| | | 2 , | 1 | 4 | 5 |
| + | | 3 , | 7 | 3 | 6 |
| Ü: | | | | | 1 |
| | | 5 , | 8 | 8 | 1 |

**Beispiel 3.13**

| | $Z$ | $E$ | $\frac{1}{10}$ | $\frac{1}{100}$ | $\frac{1}{1000}$ |
|---|---|---|---|---|---|
| | 1 | 3 , | 2 | 1 | 4 |
| + | | 2 , | 7 | 8 | 6 |
| Ü: | | 1 | 1 | 1 | |
| | 1 | 6 , | 0 | 0 | 0 |

**Beispiel 3.14**

| | $Z$ | $E$ | $\frac{1}{10}$ | $\frac{1}{100}$ | $\frac{1}{1000}$ |
|---|---|---|---|---|---|
| | | 4 , | 0 | 0 | 0 |
| - | | 2 , | 9 | 9 | 9 |
| Ü: | | 1 | 1 | 1 | |
| | | 1 , | 0 | 0 | 1 |

**Beispiel 3.15**

| | $Z$ | $E$ | $\frac{1}{10}$ | $\frac{1}{100}$ | $\frac{1}{1000}$ |
|---|---|---|---|---|---|
| | | 3 , | 1 | 4 | |
| - | | 0 , | 2 | 8 | |
| Ü: | | 1 | 1 | | |
| | | 1 , | 8 | 6 | |

**Aufgabe 3.4.1** *Schreibe die Zahlen stellenwertgerecht untereinander und berechne dann schriftlich.*

a) 2,14 + 3,21      e) 10 + 0,01      i) 20 − 2,5

b) 1,23 + 3,21      f) 65,987 + 2,453      j) 18,149 − 16

c) 1,46 + 2,89      g) 12,34 − 6,23

d) 4 + 5,23      h) 11,46 − 10,46

**Aufgabe 3.4.2** *Addiere jeweils die drei Dezimalzahlen.*

a) 2,45 + 1,38 + 8,21      b) 7,28 + 10,2 + 4,553      c) 2,78 + 1,83 + 2,5

## 3.5 Multiplizieren und Dividieren

Auch das Multiplizieren und Dividieren unterscheidet sich nicht groß von dem, was wir bereits kennen. Ähnlich wie beim Addieren und Subtrahieren besteht die einzige Schwierigkeit darin, das Komma richtig zu setzten. Und auch das bekommen wir mit einem Trick schnell hin!

### 3.5.1 Multiplizieren

Multiplizieren von Dezimalzahlen

Wir zählen, wie viele Nachkommastellen die beiden Zahlen zusammen haben. So viele Nachkommastellen wie die beiden Zahlen über dem Strich zusammen, hat dann die Zahl unter dem Strich auch. So ergibt sich also:

**Beispiel 3.16** *Die 3,1 hat eine Nachkommastelle und die 2,4 ebenfalls. Wir müssen also beim Produkt zwei Nachkommastellen haben.*

$$
\begin{array}{r}
3,1 \cdot 2,4 \\
\hline
6\ 2 \\
+\quad 1\ 2\ 4 \\
U: \\
\hline
7,4\ 4
\end{array}
$$

**Beispiel 3.17** *Die 4,623 hat drei Nachkommastelle und die 2,4 eine. Wir müssen also beim Produkt vier Nachkommastellen haben.*

```
        4, 6  2  3  ·   2,  4
                    9  2  4  6
    +           1  8  4  9  2
    Ü:       1  1     1
    ─────────────────────────
             1  1,  0  9  5  2
```

**Beispiel 3.18** *Auch wenn wir eine Null vor dem Komma haben, ändert sich nichts. Die 0,5 hat eine Nachkommastelle und die 0,25 zwei. Wir müssen also beim Produkt drei Nachkommastellen haben.*

```
        0, 5  ·   0,  2  5
                  0   0
    +             1   0
    +                 2  5
    Ü:
    ──────────────────────
             0,   1   2  5
```

**Aufgabe 3.5.1** *Multipliziere schriftlich.*

a) $3{,}24 \cdot 5$          d) $1{,}18 \cdot 18$          g) $7{,}63 \cdot 2{,}5$

b) $2{,}18 \cdot 3$          e) $6{,}29 \cdot 38$          h) $1{,}38 \cdot 2{,}69$

c) $5{,}55 \cdot 10$         f) $0{,}38 \cdot 137$         i) $1{,}11 \cdot 7{,}18$

Beim schriftlichen Dividieren müssen wir zwei verschiedene Fälle betrachten.

## 3.5.2  Division mit einer ganzen Zahl

Wir wollen eine ganze Zahl oder eine Dezimalzahl durch eine ganze Zahl teilen. Schauen wir uns erst einmal an, wie wir eine Dezimalzahl durch eine ganze Zahl teilen. Dies rechnen wir wie bisher aus. Das Komma schreiben wir genau dann beim Quotienten hin, sobald wir die erste Stelle hinter dem Komma bei unserem Dividenden herunter holen. Schauen wir uns das einmal Schritt für Schritt an:

Rückblick:
Schriftliches
Dividieren

**Beispiel 3.19**

1. *Im Ersten Schritt gehen wir noch wie gewohnt vor:*

$$16{,}16 : 5 = 3$$
$$-\ 15$$
$$\overline{\hphantom{-\ 1}1}$$

2. *Im nächsten Schritt müssen wir, um weiter rechnen zu können, die erste Nachkommastelle herunter ziehen. Sobald wir das tun, setzen wir beim Quotienten ein Komma!*

$$16{,}16 : 5 = 3{,}$$
$$-\ 15$$
$$\overline{\hphantom{-\ }11}$$

3. *Jetzt können wir erst einmal wie gewohnt weiter rechnen.*

$$16{,}16 : 5 = 3{,}2$$
$$-\ 15$$
$$\overline{\hphantom{-\ }11}$$
$$-\ 10$$
$$\overline{\hphantom{-\ 1}1}$$

4. *Und weiter...*

$$16{,}16 : 5 = 3{,}23$$
$$-\ 15$$
$$\overline{\hphantom{-\ }11}$$
$$-\ 10$$
$$\overline{\hphantom{-\ }16}$$
$$-\ 15$$
$$\overline{\hphantom{-\ 1}1}$$

5. *Jetzt haben wir keine Zahl mehr, die wir herunter ziehen können! Aber wie wir wissen, können wir hinter der letzten Zahl nach dem Komma beliebig viele Nullen einfügen. Tun wir das:*

```
1  6,  1  6  0  :  5  =  3,  2  3
-  1  5
      1  1
   -  1  0
            1  6
         -  1  5
                  1
```

6. *Jetzt haben wir wieder eine Zahl, die wir herunter ziehen können.*

```
1  6,  1  6  0  :  5  =  3,  2  3  2
-  1  5
      1  1
   -  1  0
            1  6
         -  1  5
               1  0
            -  1  0
                     0
```

Den Trick mit der Null können wir beliebig oft wiederholen. Aber Vorsichtig: Dies klappt nur hinter dem Komma! Schauen wir uns dafür einmal an, wie wir eine ganze Zahl durch eine ganze Zahl teilen und eine Dezimalzahl als Quotient raus kommt. Wir wandeln also **einen Bruch in eine Dezimalzahl** um.

Brüche zu Dezimalzahlen

**Beispiel 3.20**

1. *Im Ersten Schritt gehen wir wieder wie gewohnt vor:*

```
2  9  :  4  =  7
-  2  8
         1
```

2. **Achtung!** *Wir können jetzt nicht einfach eine Null runter ziehen und weiter rechen! 29 ist nicht das Gleiche wie 290. Wir müssen also ein Komma setzten: 29 = 29,0. Und da wir eine Kommagrenze überqueren, setzen wir auch beim Quotienten ein Komma.*

$$2 \ 9, \ 0 \ : \ 4 \ = \ 7,$$
$$\underline{- \ 2 \ 8}$$
$$1 \ 0$$

3. *Ab jetzt rechnen wir wieder wie bekannt weiter.*

$$2 \ 9, \ 0 \ : \ 4 \ = \ 7, \ 2$$
$$\underline{- \ 2 \ 8}$$
$$1 \ 0$$
$$\underline{- \qquad 8}$$
$$2$$

4. *Wir ziehen wieder eine Null runter, müssen aber kein Komma setzen, da wir uns bereits hinter der Kommagrenze befinden.*

$$2 \ 9, \ 0 \ 0 \ : \ 4 \ = \ 7, \ 2 \ 5$$
$$\underline{- \ 2 \ 8}$$
$$1 \ 0$$
$$\underline{- \qquad 8}$$
$$2 \ 0$$
$$\underline{- \ 2 \ 0}$$
$$0$$

**Anmerkung:** Wenn der Divisor größer ist als der Dividend, dann müssen wir vom Divisor direkt die erste Nachkommastelle runter ziehen. Wir schreiben also beim Quotienten: 0, ...:

$$\underline{2 \ 9, \ 0 \ : \ 4 \ 0 \ = \ 0, \ 7...}$$
$$2 \ 9 \ 0$$
$$\underline{- \ 2 \ 8 \ 0}$$
$$\vdots$$

Jetzt wo wir also Dezimalzahlen kennen, müssen wir beim Dividieren auch keinen Rest mehr angeben! Sobald es keine Zahl mehr zum runter holen gibt, schreiben wir einfach ein Komma und solange Nullen hinter unseren Dividenden, bis wir eine Lösung haben. Beim Rechnen mit Dezimalzahlen rechnen wir nicht mit Rest!

### 3.5.3 Division mit einer Dezimalzahl

Wir wollen durch eine Dezimalzahl teilen. Um das zu tun, müssen wir unsere Aufgabe ein wenig verändern, damit wir sinnvoll damit rechnen können. Und zwar wollen wir den Divisor so ändern, dass er keine Dezimalzahl mehr ist! Wie tun wir das?

Aus dem letzten Kapitel wissen wir noch, dass eine Division eigentlich nichts anderes ist als ein Bruch. $4 : 5$ ist das Gleiche wie eine $\frac{4}{5}$. Für Dezimalzahlen können wir das genauso tun: $5 : 0,5$ ist das Gleiche wie $\frac{5}{0,5}$. Um jetzt aus der Dezimalzahl eine ganze Zahl zu machen, müssen wir **das Komma nach rechts verschieben**. Wir können das Komma um eine Stelle verschieben, indem wir $\cdot 10$ rechnen. **Achtung:** Wie wir aus dem Erweitern mit Brüchen kennen, müssen wir den **Nenner und den Zähler** damit multiplizieren! Somit folgt also:

$$5 : 0,5 = \frac{5}{0,5} = \frac{5 \cdot 10}{0,5 \cdot 10} = \frac{50}{5} = 50 : 5$$

Das Tolle dabei ist: Auch wenn es vielleicht auf den ersten Blick so aussieht, der Quotient verändert sich nicht! Solange wir richtig erweitern, bleibt das Ergebnis das Gleiche!

**Beispiel 3.21** $12 : 0,2 = \frac{12}{0,2} = \frac{12 \cdot 10}{0,2 \cdot 10} = \frac{120}{2} = 120 : 2$

**Beispiel 3.22** $4,4 : 1,2 = \frac{4,4}{1,2} = \frac{4,4 \cdot 10}{1,2 \cdot 10} = \frac{44}{12} = 44 : 12$

**Beispiel 3.23** $3,2 : 1,125 = \frac{3,2}{1,125} = \frac{3,2 \cdot 1000}{1,125 \cdot 1000} = \frac{3200}{1125} = 3200 : 1125$

**Beispiel 3.24** $12 : 0,2 = \frac{12}{0,2} = \frac{12 \cdot 10}{0,2 \cdot 10} = \frac{120}{2} = 120 : 2$

**Beispiel 3.25** *Wir wollen 2,436 : 1,2 rechnen:*

1. *Wir Erweitern solange, bis der Divisor keine Dezimalzahl mehr ist:*

    *2, 4 3 6 $\cdot$10 : 1, 2 $\cdot$10*

2. *Jetzt können wir wieder wie bisher rechen.*

$$
\begin{array}{r}
\mathbf{2\ 4,}\ 3\ 6 : \mathbf{1\ 2} = 2,\ 0\ 3 \\
-\ 2\ 4 \phantom{\ 3\ 6} \\
\hline
0\ 3 \phantom{\ 6} \\
0 \phantom{\ 6} \\
\hline
3\ 6 \\
-\ 3\ 6 \\
\hline
0
\end{array}
$$

### 3.5.4 Periode

Vielleicht ist euch schon aufgefallen, dass sich manchmal Zahlen hinter dem Komma immer weiter wiederholen. So zum Beispiel $\frac{1}{3} = 0{,}3333333\ldots$. Oder auch:

**Beispiel 3.26**

$$2\ 4,\ 2\ 8\ 0\ 0\ :\ 1\ 2\ =\ 2,\ 0\ 2\ 3\ 3\ \ldots$$
$$-\ 2\ 4$$
$$\rule{3cm}{0.4pt}$$
$$0\ 2$$
$$0$$
$$\rule{3cm}{0.4pt}$$
$$2\ 8$$
$$-\ 2\ 4$$
$$\rule{3cm}{0.4pt}$$
$$4\ 0$$
$$-\ 3\ 6$$
$$\rule{3cm}{0.4pt}$$
$$4\ 0$$
$$\vdots$$

Diese Wiederholung nennen wir **Periode** und kennzeichnen sie durch einen Strich über der sich wiederholenden Zahlenfolge: $0{,}333\ldots = 0{,}\overline{3}$, die Periodenlänge ist in diesem Fall eins. Es können sich auch mehrere Zahlen wiederholen. Also bedeutet $\frac{2}{7} = 0{,}\overline{285714}$, dass sich die Zahlen 285714 immer weiter wiederholen. Die Periodenlänge hier wäre sechs. Falls ihr also merkt, dass die Dezimalzahl eine Periode hat, könnt ihr aufhören mit der schriftlichen Division und die Wiederholung durch das Überstreichen kennzeichnen.

Eine Solche Zahl würden wir also vorlesen als „Null Komma Periode Drei" oder für den Fall $\frac{1}{6} = 0{,}1\overline{6}$ sagen wir „Null Komma Eins Periode Sechs".

**Funfact:** Es gibt auch Zahlen wie zum Beispiel $\pi$ mit unendliche vielen Nachkommastellen, die aber ohne Periode sind, also wo sich die Nachkommastellen nicht wiederholen!

**Aufgabe 3.5.2** *Dividiere schriftlich.*

a) $0{,}288 : 4$        d) $13{,}09 : 1{,}1$        g) $23 : 999$

b) $1{,}27 : 2$          e) $0{,}27585 : 0{,}09$

c) $0{,}411 : 3$          f) $44{,}31 : 0{,}7$          h) $12{,}4 : 2{,}2$

**Aufgabe 3.5.3** *Haben folgende Brüche eine Periode, wenn wir sie in eine Dezimalzahl umwandeln? Falls ja, wie lang ist die Periode?*

a) $\frac{1}{5}$         b) $\frac{8}{9}$         c) $\frac{1}{3}$         d) $\frac{5}{6}$         e) $\frac{12}{24}$         f) $\frac{3}{7}$

## 3.6 Dezimalzahlen als Bruch schreiben

Wie wir aus einem Bruch eine Dezimalzahl machen, wissen wir jetzt: Wir rechnen den Bruch einfach aus. Aber geht das auch andersherum? Ja!

Am einfachsten ist es das Komma zu verschieben, bis wir keine Dezimalzahl mehr haben. Das tun wir so:

**Beispiel 3.27** $0{,}2 = \dfrac{0{,}2}{1} = \dfrac{0{,}2 \cdot 10}{1 \cdot 10} = \dfrac{2}{10}$

**Beispiel 3.28** $0{,}444 = \dfrac{0{,}444}{1} = \dfrac{0{,}444 \cdot 1000}{1 \cdot 1000} = \dfrac{444}{1000}$

**Beispiel 3.29** $2{,}3 = 2 + 0{,}3 = \dfrac{2}{1} + \dfrac{0{,}3}{1} = \dfrac{2 \cdot 10}{1 \cdot 10} + \dfrac{0{,}3 \cdot 10}{1 \cdot 10} = \dfrac{20}{10} + \dfrac{3}{10} = \dfrac{23}{10}$

Insgesamt gehen wir also so vor, dass

- wir die Nachkommastellen zählen,

- die Dezimalzahl ohne Komma als Zähler schreiben und

- den Nenner als eine 1 mit so viele Nullen schreiben, wie wir vorher Nachkommastellen hatten!

Falls wir eine Dezimalzahl mit Periode haben, müssen wir ein bisschen geschickter rechnen. Dies tun wir, indem wir **„9er-Zahlen" als Nenner** in den Bruch schreiben. Dafür brauchen wir die Länge der Periode: Ist die Periode eins lang, dann schreiben wir eine 9 in den Nenner, für eine Periode der Länge zwei, nehmen wir eine 99 als Nenner und so weiter...

**Beispiel 3.30** $0{,}\overline{34} = \dfrac{34}{99}$              **Beispiel 3.31** $0{,}\overline{23456} = \dfrac{23456}{99999}$

**Beispiel 3.32** $1{,}\overline{34} = 1 + \dfrac{34}{99} = \dfrac{99}{99} + \dfrac{34}{99} = \dfrac{133}{99}$

**Anmerkung:** Wenn wir bei der $0{,}\overline{9}$ diesen Trick anwenden, dann ergibt sich: $\frac{9}{9} = 1$. Dies ist korrekt, da sich die $0{,}\overline{9}$ immer weiter der 1 annähert! Dies tut keine andere Dezimalzahl mit Periode.

Bei Dezimalzahlen, die eine gemischte Periode haben (zum Beispiel $0,01\overline{6}$) müssen wir ein wenig trickreicher vorgehen. Dafür schreiben wir die Dezimalzahl mit Periode erst einmal als Bruch und erweitern, bis hinter dem Komma nur noch die Periode steht:

$$0,01\overline{6} = \frac{0,01\overline{6} \cdot 100}{1 \cdot 100} = \frac{1,\overline{6}}{100}$$

Wir wissen bereits, wie wir $1,\overline{6}$ in einen Bruch umwandeln:

$$1,\overline{6} = 1 + \frac{6}{9} = 1 + \frac{2}{3} = \frac{3}{3} + \frac{2}{3} = \frac{5}{3}$$

Dies können wir jetzt oben anstatt von der $1,\overline{6}$ einsetzen:

$$\frac{1,\overline{6}}{100} = \frac{\frac{5}{3}}{100} = \frac{5}{3} : \frac{100}{1} = \frac{5}{3} \cdot \frac{1}{100} = \frac{5}{300} = \frac{1}{60}$$

Wie sind wir also Schritt für Schritt vorgegangen?

1. Die Dezimalzahl so als Bruch schreiben, dass hinter dem Komma nur noch die Periode steht.

2. Die Dezimalzahl im Nenner in einen Bruch umwandeln mit dem „9er-Trick".

3. Den neuen Bruch vereinfachen und kürzen.

**Aufgabe 3.6.1** *Schreibe die folgenden Dezimalzahlen als Bruch.*

a) 44,44            d) 42,00009            g) $88,\overline{77}$

b) 1,123            e) 8408094,1           h) $0,0\overline{1}$

c) 0,00001          f) $3,\overline{33}$              i) $1,1\overline{36}$

**Erinnerung:** Beim Multiplizieren dürfen wir die Faktoren beliebig vertauschen, das nennt man das **Kommutativgesetz**:

$$\frac{5}{7} \cdot \frac{1}{2} = \frac{1}{2} \cdot \frac{5}{7}$$

Wenn wir mehrere Multiplikationen haben, dann dürfen wir die Klammern beliebig setzen oder weglassen, das nennt man das **Assoziativgesetz**:

$$0,31 \cdot (0,45 \cdot 0,55) = (0,31 \cdot 0,45) \cdot 0,55$$

Klammern können wir ausmultiplizieren, das nennt sich **Distributivgesetz**:

$$\frac{1}{2} \cdot (4 + 20) = \frac{1}{2} \cdot 4 + \frac{1}{2} \cdot 20$$

# 4 Dezimalzahlen und Größen

Dezimalzahlen begegnen uns überall im Leben. Die Brötchen beim Bäcker kosten 0,50 €, eine Cola kostet 2,70 € und letztes Wochenende sind wir 22,5 Kilometer gewandert. Für den Apfelkuchen haben wir 1,5 Kilogramm Äpfel verwendet und er musste 0,5 Stunden backen. Wir haben in der fünften Klasse bereits gelernt, wie wir Größen ineinander umrechnen. Schauen wir uns das noch einmal im Zusammenhang mit Dezimalzahlen an.

Längen
umrechnen

## 4.1 Längen

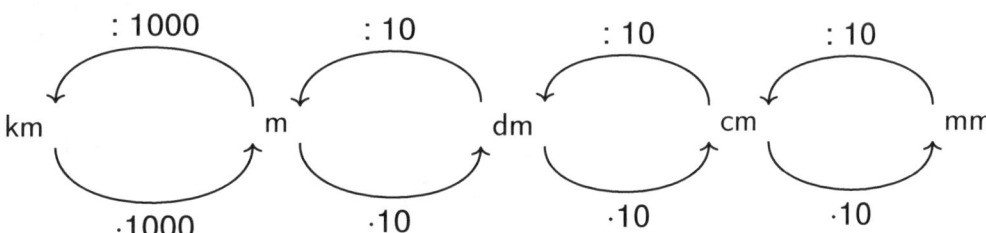

Bisher haben wir immer gesagt, dass 1000m genau 1km sind. Jetzt können wir allerdings auch jederzeit in größere Größen umrechnen. Mit anderen Worten: 500m sind 0,5km. Wir folgen also einfach dem Pfeil um von einer Größe in die nächste umzuwandeln.

## 4.2 Gewichte

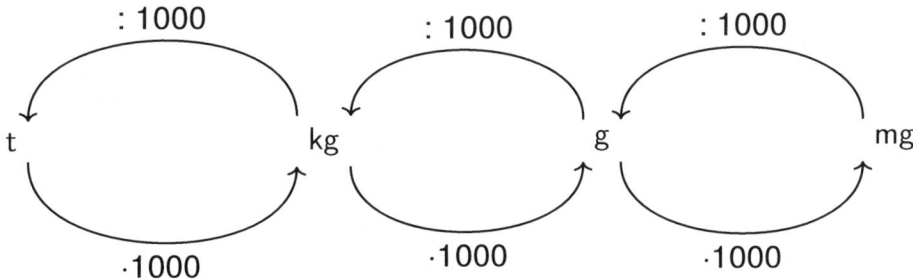

Auch hier folgen wir den Pfeilen um die Größen ineinander umzuwandeln. So sind also 300g genau 0,3kg oder 0,2t sind 200kg.

## 4.3 Geld

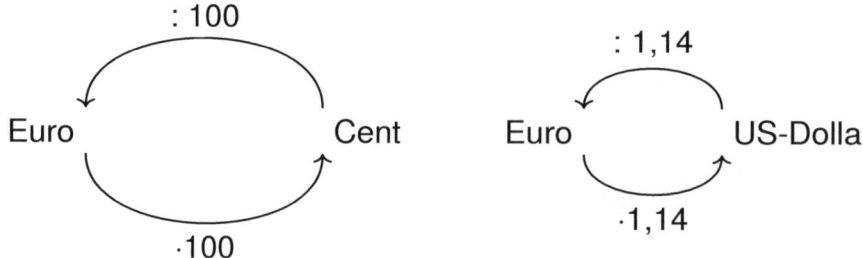

Unsere Währung ineinander umzurechnen funktioniert eigentlich intuitiv. Komplizierter wird es erst, wenn wir in unterschiedlichen Währungssystemen rechen. Auf der rechten Seite sehen wir zum Beispiel, wie wir Euro in US-Dollar umrechnen. Somit sind 0,88 Euro ein US-Dollar (Hinweis: Im echten Leben ändert sich der Umrechnungskurs sekündlich. Im Folgenden arbeiten wir aber mit diesem Wert).

## 4.4 Zeit

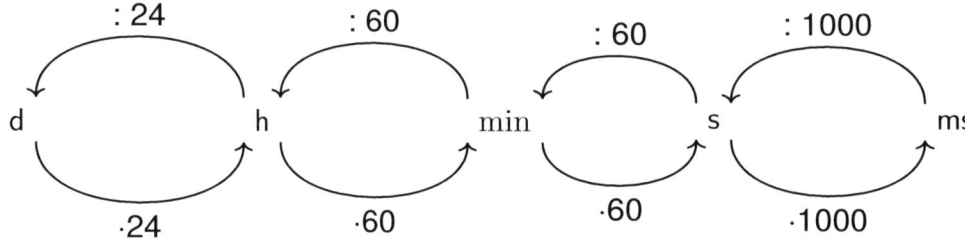

Das Umrechnen von Zeit macht uns das Leben ein wenig schwerer als zum Beispiel Gewichte das tun. In dem metrischen System, das wir in Deutschland verwenden, lassen sich die meisten Größen mit dem Faktor 10, 100 oder 1000 umwandeln. Für die Zeit haben wir allerdings andere Faktoren. So besteht ein halber Tag leider nicht aus 50 oder 5 Stunden sondern aus 12 womit also 20 Sekunden $\frac{1}{3}$ Minuten entsprechen. Zur Erinnerung:

| Einheitenname | Einheitszeichen | Einheitenname | Einheitszeichen |
|---|---|---|---|
| Jahr | a (annus) | Stunde | h (hour) |
| Monat | – | Minute | min |
| Woche | – | Sekunde | s |
| Tag | d (day) | Millisekunde | ms |

**Aufgabe 4.4.1** *Rechne in die angegebene Einheit um:*

a) 123 *Zentimeter in Meter*

b) 1,25 *Kilogramm in Gramm*

c) 2,8 *Tonnen in Kilogramm*

d) 10,2 *Meter in Zentimeter*

e) 2025 *Kilogramm in Tonnen*

f) 20,05 *Euro in Cent*

g) 1,5 *Stunden in Minuten*

h) 5,7 *Kilometer in Meter*

i) 870 *Gramm in Kilogramm*

j) 5 *US-Dollar in Euro*

k) 2,8 *Kilogramm in Gramm*

l) 720 *Sekunden in Minuten*

m) 22 *Cent in Euro*

## 4.5  Mit Größen rechnen

Wenn wir mit Größen rechnen, dann müssen wir darauf achten, welche **Einheit** die Größe hat. Stellt euch zum Beispiel vor, dass wir 44m + 3s rechnen würden. 44 + 3 ist zwar eine sinnvolle Rechnung, aber m + s nicht! Im Folgenden betrachten wir, in welchen Situationen wir bestimmte Rechnungen ausführen dürfen und in welchen nicht.

### 4.5.1  Addieren und Subtrahieren

Beim Addieren und Subtrahieren ist es wichtig, dass die Größen die gleiche Einheit haben. Dabei ist es nicht nur wichtig darauf zu achten, dass wir keine Meter und Sekunden addieren, also eine Strecke und eine Zeit, sondern auch keine Minuten und keine Sekunden! Wir testen also zuerst, ob wir beide Größen auf **die gleiche Einheit bringen können**.

**Beispiel 4.1**  4,5kg + 500g = 4,5kg + 0,5kg = 5kg

**Beispiel 4.2**  2800m − 1,25km = 2800m − 1250m = 1550m = 1,55km

**Beispiel 4.3**  5h + 2 *Euro ist nicht möglich zu berechnen*

**Aufgabe 4.5.1** *Addiere und Subtrahiere die Größen falls möglich. Wenn es nötig ist, rechne zuerst in eine gemeinsame Einheit um.*

a) 6m + 120cm

b) 4800kg − 1,6t

c) 1min + 30s

d) 5,8cm + 45m

e) 1,3t − 1200g

f) 4,5cm − 80mg

g) 4,5min + 330s

h) 9,8km − 3200m

i) 2 *Euro* −200 *Cent*

j) 4cm + 3mm

k) 2t + 888cm

l) 42mm − 6 *Euro*

## 4.5.2 Multiplizieren und Dividieren

Beim Multiplizieren und Dividieren von Größen mit Zahlen, die selbst keine Einheit haben, verändert sich auch die Einheit von der Größe nicht. Wenn wir zwei 20 Euro-Scheine haben, dann bleiben es 40 Euro. Auch wenn wir 40 Euro auf vier Personen aufteilen, erhält jeder 10 Euro.

**Beispiel 4.4** $2\text{km} \cdot 2 = 4\text{km}$          **Beispiel 4.5** $25\text{h} : 2 = 12{,}5\text{h}$

Falls wir allerdings zwei Größen miteinander multiplizieren oder dividieren wollen, dann müssen wir auch beide Einheiten beachten!

**Beispiel 4.6** *Beide Größen haben die gleiche Einheit und wir multiplizieren:*

$$2\text{m} \cdot 2\text{m} = 2 \cdot 2 \cdot \text{m} \cdot \text{m} = 4\text{m}^2$$

**Beispiel 4.7** *Beide Größen haben die gleiche Einheit und wir dividieren:*

$$2\text{m} : 2\text{m} = \frac{2\text{m}}{2\text{m}} = \frac{\cancel{2}\text{m}}{\cancel{2}\text{m}} = \frac{1\cancel{\text{m}}}{1\cancel{\text{m}}} = \frac{1}{1} = 1$$

*Wie wir sehen können, kürzen sich die Einheiten weg und als Ergebnis erhalten wir eine Zahl ohne Einheit. Das funktioniert auch, wenn wir Gewichte oder Zeiten betrachten:*

$$800\text{g} : 0{,}2\text{kg} = \frac{800\text{g}}{0{,}2\text{kg}} = \frac{800\text{g}}{200\text{g}} = \frac{4\cancel{\text{g}}}{1\cancel{\text{g}}} = 4$$

Wir können aber auch zwei Größen mit unterschiedlichen Einheiten multiplizieren oder dividieren, was besonders in der Physik sehr häufig vorkommen wird. Leider lässt sich keine einfache Regel definieren, welche Einheit am Ende Sinn ergibt und welche nicht. An dieser Stelle ist es erst einmal sehr wichtig, dass ihr übt immer eure Einheiten zu beachten und hinter den Zahlen zu behalten! Das beste Beispiel für eine durch Division neu entstehende Größe ist die Geschwindigkeit:

**Beispiel 4.8** *Geschwindigkeit ist die Strecke, die wir in einer bestimmten Zeit zurücklegen.*

$$5\text{km} : 2\text{h} = \frac{5\text{km}}{2\text{h}} = \frac{2{,}5\text{km}}{1\text{h}} = 2{,}5\frac{\text{km}}{\text{h}}$$

**Aufgabe 4.5.2** *Multipliziere und Dividiere die Größen. Wenn es möglich ist, rechne zuerst in eine gemeinsame Einheit um und kürze. Vergiss nie alle Einheiten hin zuschreiben!*

| | | | |
|---|---|---|---|
| *a)* $5{,}4\text{kg} \cdot 5$ | *d)* $1000\text{g} : 4$ | *g)* $20\text{m} \cdot 10\text{cm}$ | *j)* $60\text{kg} : 6\text{kg}$ |
| *b)* $30\text{mm} \cdot 3$ | *e)* $1\text{m} : 5$ | *h)* $5\text{km} : 1000\text{m}$ | |
| *c)* $20\text{km} \cdot 10$ | *f)* $2{,}5\text{km} : 5$ | *i)* $2000\text{g} : 1\text{kg}$ | *k)* $20\text{m} : 10\text{s}$ |

# 5 Winkel und Kreise

In diesem Kapitel wollen wir Winkel und Kreise genauer kennenlernen. Winkel begegnen uns überall im Alltag: Dächer neigen sich in einem bestimmten Winkel, damit das Wasser abfließen kann, Flugzeuge starten und landen in einem bestimmten Winkel und wenn wir ein Regal anbringen, dann sollte es in einem rechtem Winkel zur Wand stehen, weil sonst alles runter fällt.

Ein Winkel entsteht also, wenn sich **zwei Geraden schneiden**. An dem Schnittpunkt entstehen vier Winkel, von denen zwei gegenüberliegende jeweils gleich sind. Ein Winkel kann auch entstehen, wenn **zwei Strahlen sich treffen**. Der Ausgangspunkt ist dann der **Scheitelpunkt** des Winkels und die beiden Strahlen nennen wir **Schenkel**.

Einführung
Winkel

> Winkel werden meisten mit kleinen griechischen Buchstaben beschrieben. Wichtig sind vor allem:
>
> 1. alpha: $\alpha$ 2. beta: $\beta$ 3. gamma: $\gamma$ 4. delta: $\delta$ 5. epsilon: $\epsilon$

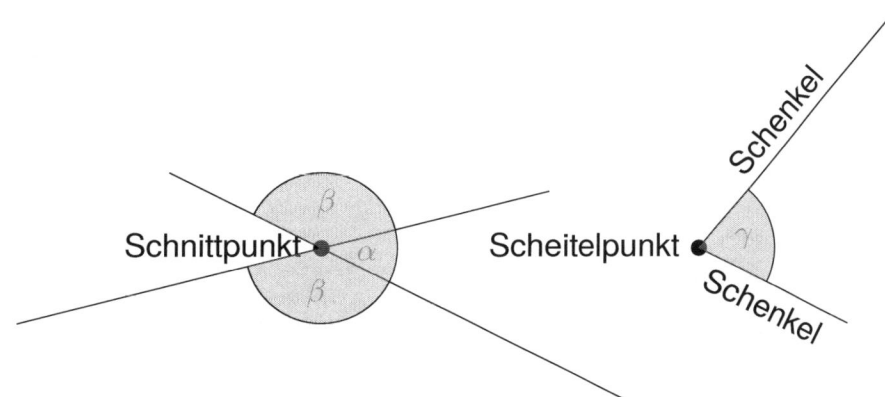

## 5.1 Winkelarten

Winkel werden in Grad ° angegeben mit Gradzahlen zwischen 0° und 360°. Wenn ein Winkel 0° hat, dann existiert kein Winkel und bei 10° haben wir nur einen kleinen Winkel. Einen **rechten Winkel** haben wir bei 90°, bei 180° liegt eine Gerade vor und bei 360° haben wir einen Kreis. In der obigen Abbildung links sehen wir, dass die beiden Winkel $\alpha$ und $\beta$ zusammen einen 180°-Winkel ergeben, also eine

Winkelarten

Gerade. Wir nennen $\alpha$ und $\beta$ somit auch **Nebenwinkel**. Die beiden $\beta$-Winkel sind gleich groß, deswegen dürfen wir sie auch gleich benennen. Wir bezeichnen die beiden auch als **Scheitelwinkel**, da sie sich quasi am Scheitelpunkt gegenüberstehen und gleich groß sind.

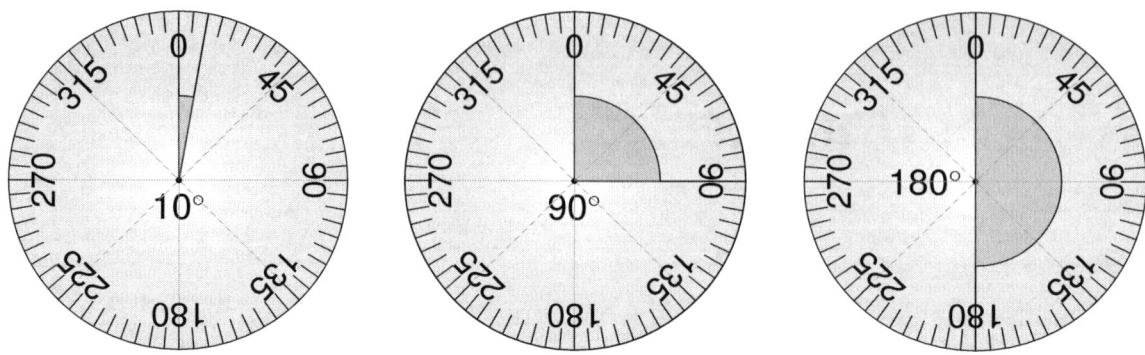

Winkelarten unterscheiden wir danach, wie weit sie geöffnet sind. Somit gibt es Namen für Winkel, die zwischen oder bei bestimmten Gradzahlen liegen:

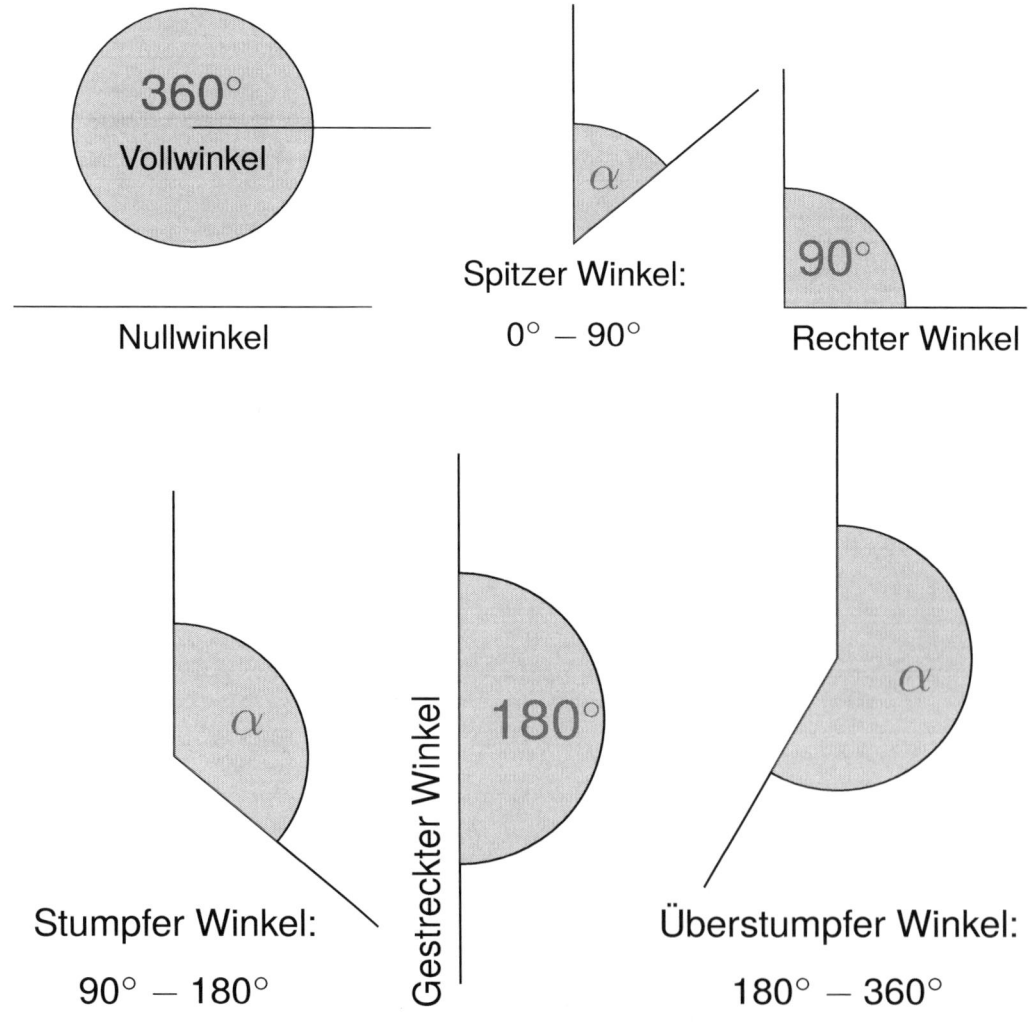

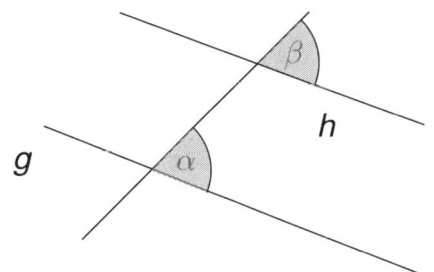

**Stufenwinkel:**
Sind die beiden Geraden g und h **parallel** zueinander, so haben α und β die gleiche Größe, also α = β. Der Winkel „springt" sozusagen eine „Stufe hoch". Zu Erinnerung: parallel bedeutet, dass beide Geraden immer den gleichen Abstand zueinander haben.

**Wechselwinkel:**
Ein Wechselwinkel ist quasi ein **Stufenwinkel und ein Scheitelwinkel** zusammen. Auch hier müssen die beiden Geraden parallel zueinander sein.

Wenn wir das Prinzip von Stufen- und Wechselwinkel verstanden haben, dann können wir alle acht Winkel berechnen, die bei den zwei Schnittpunkten entstehen, sobald wir einen gegeben haben: Die Stufenwinkel und Wechselwinkel sind immer gleich groß. Nebenwinkel addieren zu 180° auf und ein Vollwinkel hat 360°. Wenn wir diese Regeln im Hinterkopf behalten, dann sind Winkel einfach!

**Aufgabe 5.1.1** *Ordne den folgenden Winkel die Begriffe „Spitzer Winkel", „rechter Winkel", „Stumpfer Winkel", „Gestreckter Winkel" und „Überstumpfer Winkel" zu.*

*a)*              *b)*              *c)*              *d)*              *e)*

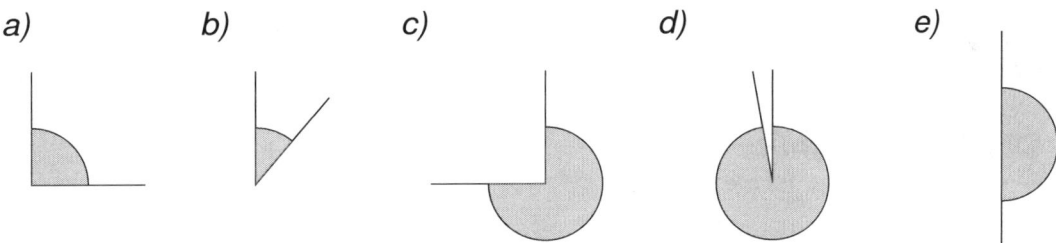

## 5.2  Winkel messen

Beim Winkel messen müssen wir aufpassen, dass wir die richtige Zahl ablesen, denn beim Geodreieck sind immer zwei Zahlen übereinander geschrieben. Deswegen sollten wir, bevor wir den Winkel ablesen, eine Vorstellung haben wie groß der Winkel ungefähr aussieht. Sind zum Beispiel 30° gegeben wissen wir, dass wir keinen stumpfen Winkel ablesen sollten. Sehen wir, dass ein spitzer Winkel vorliegt, so wissen wir, dass nur Winkel zwischen 0° und 90° infrage kommen. Auf diese Art und Weise können wir zwischendurch immer überprüfen, ob wir die richtige Zahl ablesen.

**Vorgehensweise: Winkel messen** (Hilfsmittel: Geodreieck! )

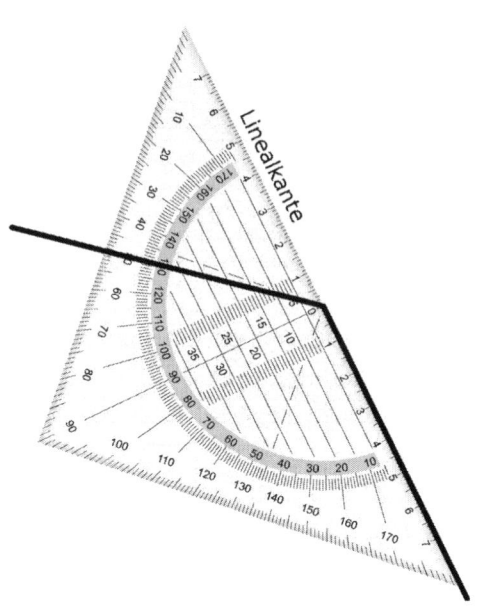

1. Als Erstes legen wir die 0 des Geodreiecks an den Scheitelpunkt des Winkels an, sodass er genau auf der Spitze liegt.

2. Danach müssen wir das Geodreieck so drehen, dass die Linealkante genau auf einem Schenkel des Winkels liegt.

3. Jetzt müssen wir nur noch den Winkel bestimmen, indem wir die Zahl ablesen, durch die der andere Schenkel des Winkels geht. Wir benutzen immer die Zahlenskala, die bei der Linealkante, die an den ersten Schenkel anliegt, bei 0 anfängt.

4. Wir überprüfen, ob der gemessene Winkel mit der gezeichneten Winkelart übereinstimmt.

Rechts abgebildet sehen wir noch einmal, wie genau wir das Geodreieck anlegen müssen. Wir messen in diesem Fall einen Winkel von 130°. Zum Ablesen verwenden wir die gelbe Skala, da diese an der Linealkante mit 0 anfängt. Auch die Art vom Winkel stimmt über ein: Wir sehen einen stumpfen Winkel und 130° passt somit.

Was tun wir aber, wenn wir einen überstumpfen Winkel haben? Unser Geodreieck hat schließlich nur 180°! In diesem Fall messen wir den **Gegenwinkel**, also den Teil des Kreises der quasi übrig bleibt, und bilden dann die Differenz zum Vollwinkel. Der **Gegenwinkel** von einen überstumpfen Winkel ist immer maximal ein stumpfer Winkel. Wir rechnen also: 360° − Gegenwinkel. Somit erhalten wir den Wert von unserem überstumpfen Winkel.

**Aufgabe 5.2.1** *Wie viel Grad haben die folgenden Winkel? Von welcher Art sind die Winkel?*

a)          b)          c)                  d)                e)

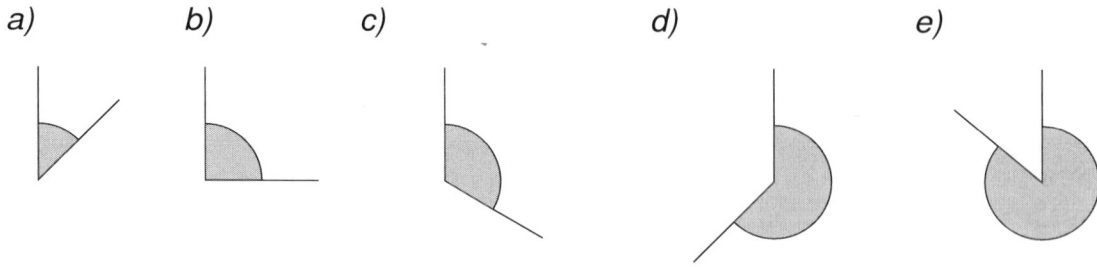

## 5.3  Winkel zeichnen

Ganz ähnlich wie das Winkel messen geht auch das Winkel zeichnen. Auch hier sollten wir uns zuerst klarmachen, wie der Winkel ungefähr aussehen sollte, um keine groben Fehler zu machen. Danach gehen wir wie folgt vor:

Winkel
zeichnen

1. Wir zeichnen zuerst einen Schenkel, also einfach eine gerade Linie.

2. Danach setzen wir am Scheitelpunkt wieder unser Geodreieck mit der 0 an und gehen sicher, dass die Linealkante auf unserem schon gezeichneten Schenkel liegt.

3. Wir nutzen wieder die Zahlenreihe, die an unserem Schenkel mit der 0 anfängt und folgen ihr bis zu der gewünschten Winkelgröße. **Achtung:** Wenn wir einen überstumpfen Winkel zeichnen wollen, dann messen wir hier den Gegenwinkel.

4. Bei unser Winkelgröße setzen wir jetzt einen Hilfspunkt.

5. Mithilfe des Geodreiecks verbinden wir den Hilfspunkt und den Scheitelpunkt.

**Aufgabe 5.3.1** *Zeichne die Winkel.*

*a)* 45°          *b)* 135°          *c)* 190°          *d)* 300°

## 5.4  Kreise zeichnen

Vielleicht ist euch in den vorherigen Abschnitten schon aufgefallen, dass ein Vollwinkel nichts anderes ist, als ein Kreis. Uns ist also bekannt: Ein Kreis hat immer 360°. Für Kreise gibt es noch ein paar Vokabeln, die wir lernen müssen:

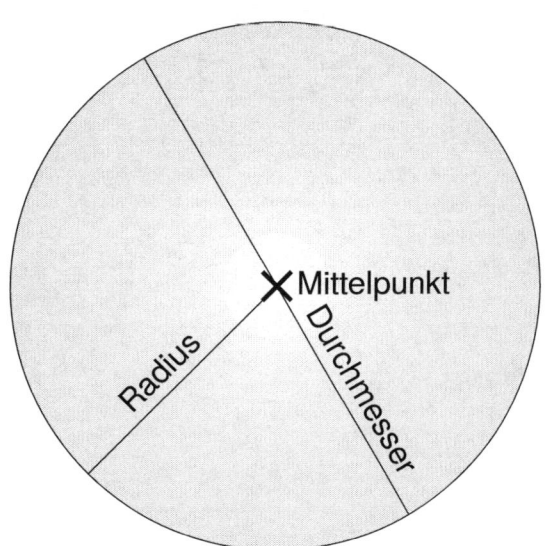

**Jeder Punkt des Kreises ist gleich weit vom Mittelpunkt _M_ entfernt.** Der Radius _r_ gibt die Strecke zwischen Mittelpunkt und Rand an, also wie weit die Punkte von _M_ entfernt sind. Der Durchmesser erstreckt sich von einem Rand des Kreises zum anderen und durchschneidet dabei den Mittelpunkt. Der Durchmesser _d_ ist also das Doppelte vom Radius und beschreibt, wie weit zwei Punkte maximal voneinander entfernt sein können.

$$d = 2 \cdot r \text{ somit } r = d : 2$$

Einen Kreis zeichnet man immer mit einem Zirkel. Als erstes stellen wir den Radius auf dem Zirkel ein, indem wir die Spitze des Zirkels auf die 0 des Geodreiecks oder Lineals stellen und dann den Zirkel soweit aufdrehen, dass die Bleistiftspitze genau auf die Zahl zeigt, die der Radius sein soll. Dann stechen wir die Spitze in den Mittelpunkt des Kreises und zeichnen einmal eine Runde. Dabei müssen wir allerdings gut aufpassen, dass der Zirkel sich nicht weiter öffnet oder schließt während wir zeichnen. Wichtig hierbei ist, dass wir immer den Radius des Kreises am Zirkel einstellen. Wenn nur der Durchmesser gegeben ist, müssen wir den Radius mit der Formel oben ausrechnen. Am besten probierst du es Mal ein paar Kreise mit verschiedenen Radien und Durchmessern zu zeichnen.

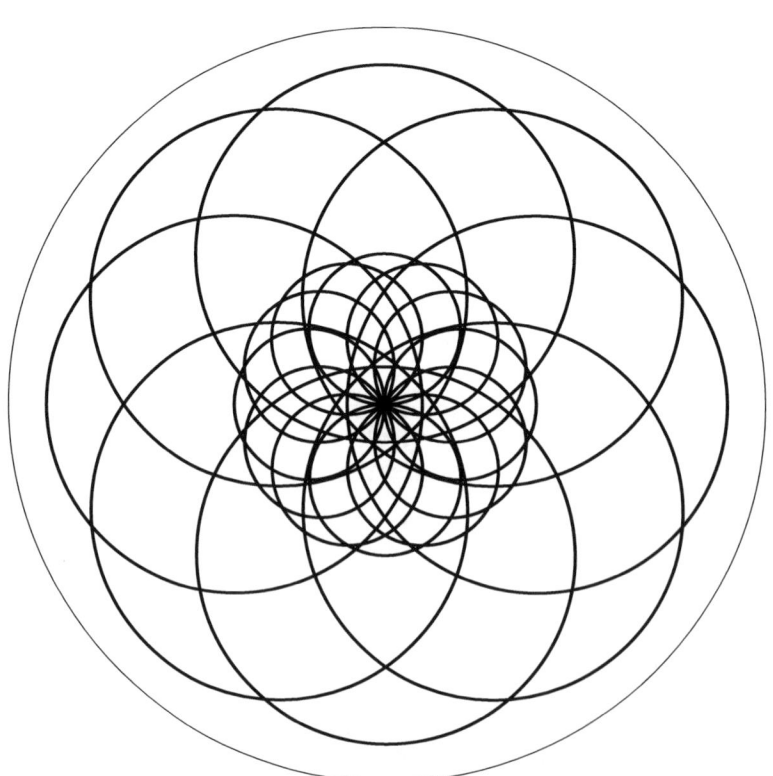

# 6 Symmetrie und Abbildungen

Bei Symmetrien geht es immer darum, Teile innerhalb einer Figur zu finden, die gleich aussehen. Zum Beispiel die erste Schneeflocke: drei Geraden teilen sie in genau sechs gleiche Abschnitte. Wir können das Blatt Papier an jeder von diesen Geraden knicken und die beiden Seiten, die dann aufeinander treffen, würden genau gleich aussehen. Oder wir können einen Spiegel an eine dieser Geraden halten und die Schneeflocke würde sich nicht verändern. Schnappt euch doch einmal ein Blatt Papier und probiert aus, ob ihr bei den Schneeflocken verschiedene Geraden findet an denen man sie in zwei gleiche Seiten teilen könnte!

## 6.1 Achsensymmetrie

Eine Figur ist achsensymmetrisch, wenn sie eine Gerade, oder auch **Achse** hat, von der aus sie in beide Richtungen gleich aussieht. Es sieht dann so aus, als wäre sie an dieser Linie gespiegelt. Wir nennen die Achse auch **Symmetrieachse**, **Spiegelachse** oder **Faltachse**. Stellt euch vor wir schneiden eine solche Figur aus und knicken sie an der Spiegelachse: Alle Punkte würden sich genau überdecken.

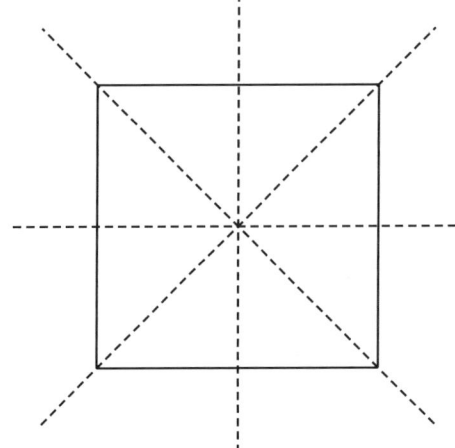

Eine Achsensymmetrie können wir besonders einfach sehen, wenn wir die Figuren in unserem Achsenkreuz eingezeichnet haben. Zur Erinnerung:

Ein Achsenkreuz, oder auch Koordinatensystem, besteht aus einer $x$-Achse und einer $y$-Achse und wird verwendet, um Punkte im sogenannten **kartesischen Koordinatensystem** einzuzeichnen. Die $x$-Achse ist dabei die Links-Rechts-Achse und die $y$-Achse die Oben-Unten-Achse. Durch die Achsen wird ein Gitter aufgespannt, welches es uns vereinfacht die Punkte einzuzeichnen.

Betrachten wir die beiden folgenden Vierecke. Stellen wir uns einmal vor, dass wir das Blatt an der $x$-Achse knicken. Dann würden sich die beiden linken Punkte, oberhalb und unterhalb der $x$-Achse, des helleren Vierecks treffen, ebenso wie die beiden rechten Punkte. Somit ist das Viereck **$x$-Achsensymmetrisch**. Das dunklere Viereck hingegen ist **$y$-Achsensymmetrisch**.

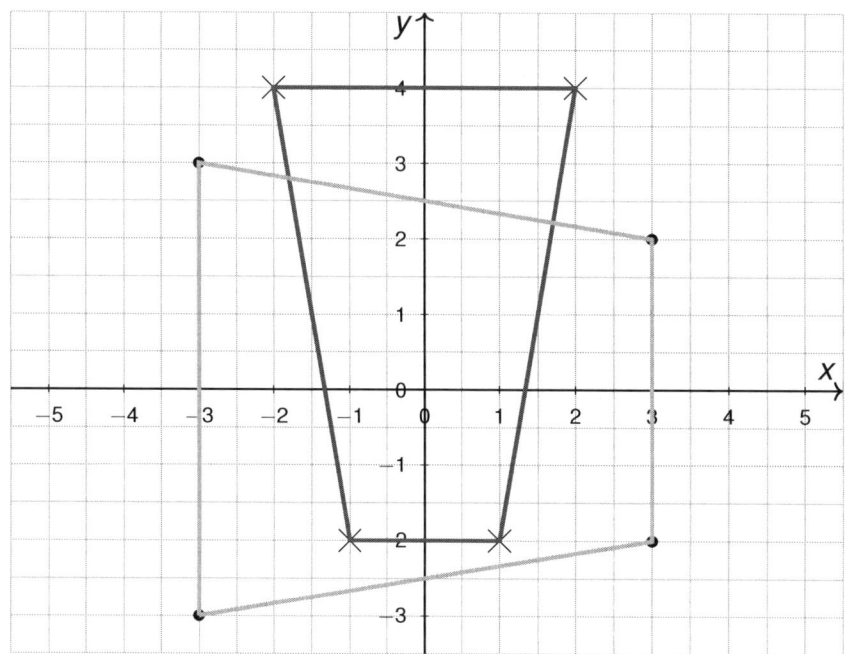

**Aufgabe 6.1.1** *Zeichne die Symmetrieachsen ein.*

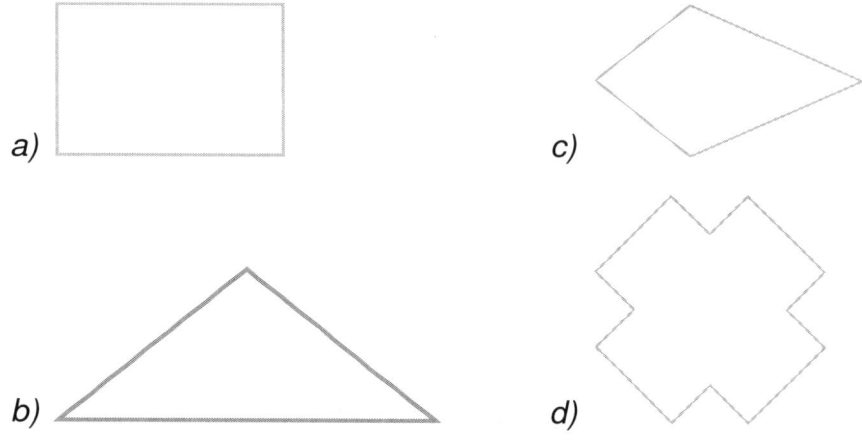

## 6.2 Achsenspiegelung

Jetzt wollen wir eine Figur selber an einer Achse spiegeln. Dabei gibt es einen einfachen Trick mit dem Geodreieck: Wir legen das Geodreieck mit dem senkrechten Strich, der von der Null bis zur Spitze geht, an die Spiegelachse an. Dann fahren wir mit dem Geodreieck auf der Spiegelachse hin und her, sodass der Strich auf der Spiegelachse bleibt und platzieren das Geodreieck damit so, dass der Punkt den wir spiegeln wollen, genau an der Linealkante anliegt. Liegt der Punkt z.B. bei der 6, so zeichnen wir einen Punkt auf der anderen Seite vom Geodreieck bei der 6. So gehen wir mit allen Punkten vor, bis wir alle Eckpunkte der Figur gespiegelt haben.

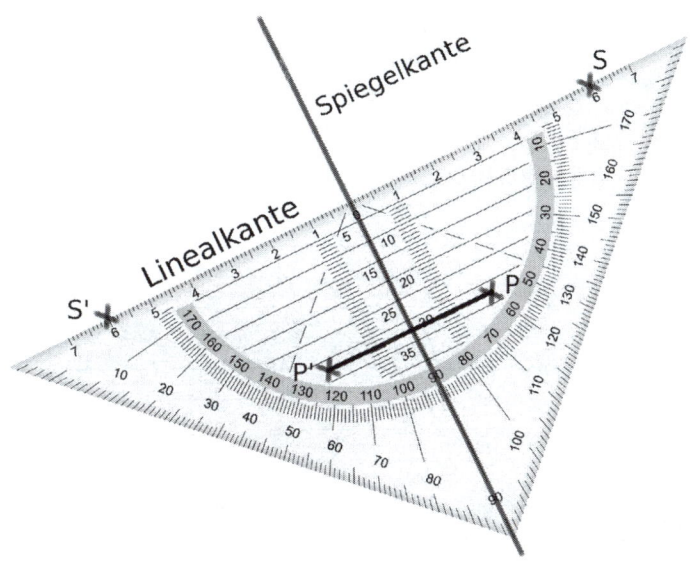

Die beiden Punkte P und P', sowie S und S' haben den selben Abstand von der Spiegelachse. Außerdem sind die Strecken senkrecht, also im Winkel von 90° zur Spiegelachse.

**Beispiel 6.1** *Jeder Punkt auf der hellgrauen Seite wurde an der Spiegelachse gespiegelt, also mit einem identischen Abstand auf der anderen Seite eingetragen. Insgesamt ergibt sich der Buchstabe V:*

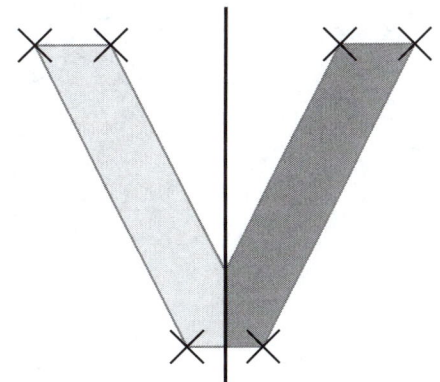

**Aufgabe 6.2.1** *Spiegel die folgenden Figuren an der gegebenen Spiegelachse.*

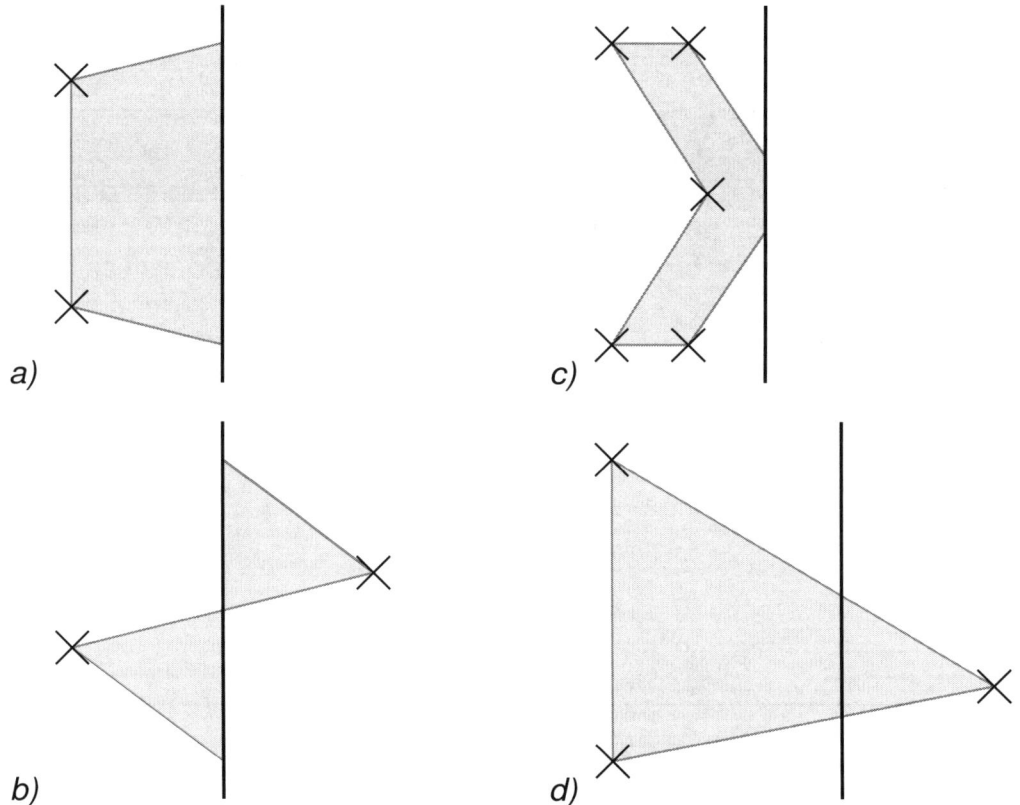

## 6.3   Drehsymmetrie

Eine Figur ist genau dann drehsymmetrisch, wenn sie sich von einem Punkt aus um einen bestimmten Winkel drehen lassen und die Figur danach wieder genau so aussieht wie vorher. Der Punkt um den wir drehen, nennen wir das **Drehzentrum**. **Achtung:** Jede Figur lässt sich natürlich um 360° drehen und sieht dann wieder aus wie vorher, aber darum geht es hier nicht. Betrachten wir zwei Beispiele:

Die linke Figur lässt sich um 30°, 60°, 90° und jeweils in 30-ger Schritten weiter drehen und sieht denn jedes mal aus wie vorher. Die rechte Figur lässt sich um

60°, 120° und so weiter drehen ohne sich zu verändern. Viele drehsymmetrische Figuren lassen sich nur um 180° drehen, wie zum Beispiel das Rechteck, oder:

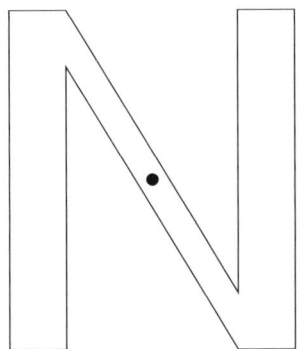

Diesen bestimmten Fall von Drehsymmetrie nennen wir auch **Punktsymmetrie**. Mit anderen Worten: Punktsymmetrie liegt vor, wenn wir um 180° drehen können und die Figur gleich bleibt.

**Aufgabe 6.3.1** *Entscheide für die folgenden Figuren jeweils, ob eine Drehsymmetrie vorliegt oder nicht.*

## 6.4   Drehung

Jetzt wo wir wissen, wie drehsymmetrische Figuren aussehen, können wir auch selber welche zeichnen. Fangen wir mit einem einfachen Beispiel an: Wir wollen eine Figur um 180° drehen. Also legen wir das Geodreieck mit der 0 an das Drehzentrum an. Dann richten wir es so aus, dass es mit der Linealkante genau an dem Punkt anliegt, den wir drehen wollen. Jetzt messen wir den Abstand von der Null auf dieser Seite und übertragen das auf die andere Seite. Ist der Punkt zum Beispiel 2cm entfernt, so muss er auch auf der anderen Seite 2cm von der Null entfernt sein.

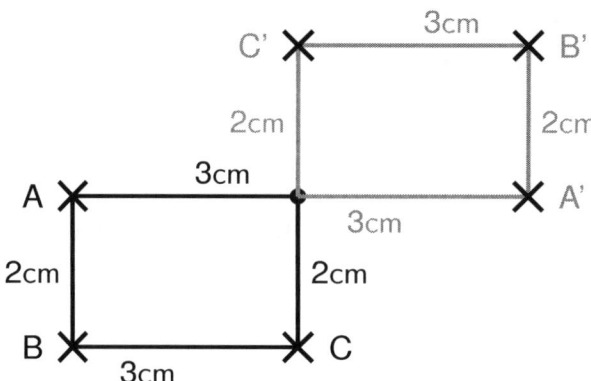

**Aufgabe 6.4.1** *Drehe die Figur um 180° nach links.*

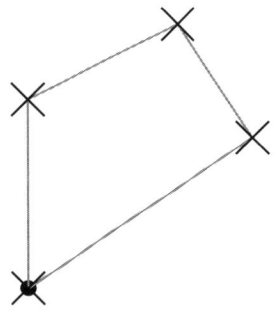

Die Drehung um einen speziellen Winkel, zum Beispiel 45° funktioniert ein wenig anders, aber auch das bekommen wir hin, wenn wir Schritt für Schritt vorgehen:

1. Wir legen die 0 vom Geodreieck an das Drehzentrum an und die Linealkante an den Punkt, den wir drehen wollen.

2. Wir messen den Abstand zwischen dem Drehzentrum und dem Punkt und notieren diesen.

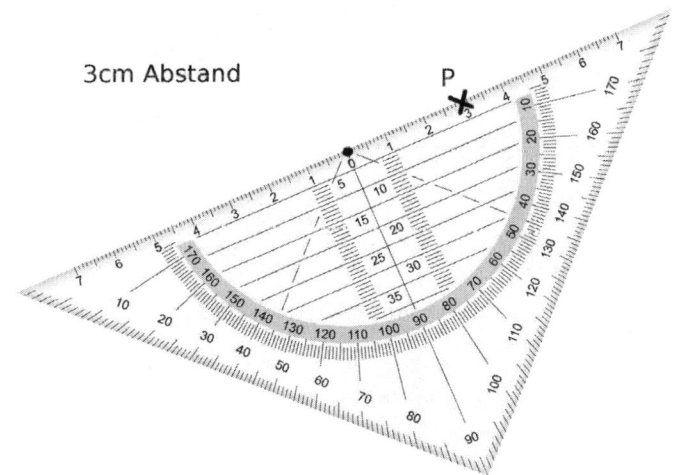

3. Jetzt nutzen wir die Grad-Angaben auf unserem Geodreick: Wir gehen vom Punkt an der Linealkante aus und zwar bis zu der 45.

> **Achtung:** Hier ist es wichtig, dass wir vom Punkt ausgehen und die Skala nutzen, die dort bei Null anfängt hoch zu zählen.

4. Bei der 45 setzen wir am Rand vom Geodreieck einen Hilfspunkt.

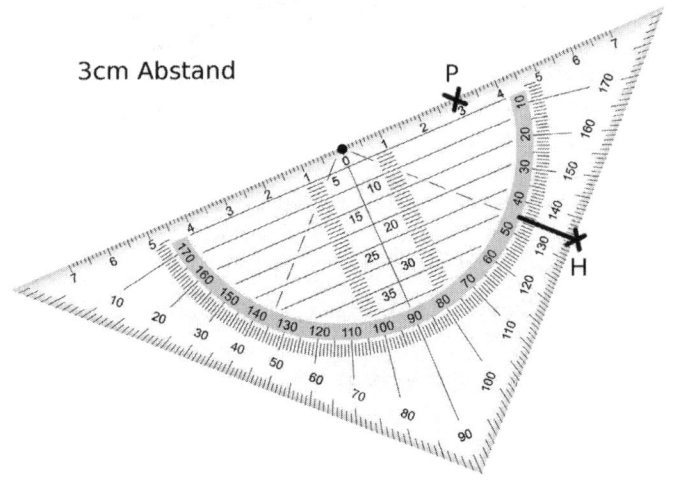

5. Jetzt legen wir das Geodreieck so an, dass es mit der 0 immer noch im Drehzentrum ist und mit der Linealkante jetzt am Hilfspunkt anliegt.

6. Vom Drehzentrum aus gehen wir jetzt in Richtung des Hilfspunktes und setzen nach dem vorher gemessenen Abstand einen Punkt. Dies ist unser gedrehter Punkt.

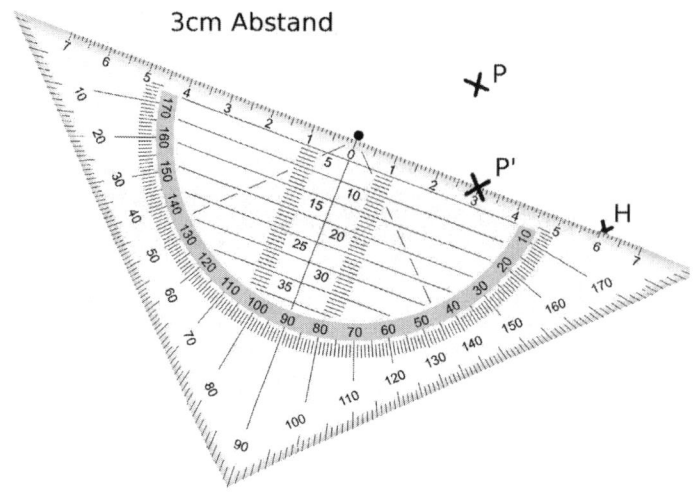

3cm Abstand

In unserem Beispiel haben wir den Punkt nach rechts gedreht. Wenn wir ihn nach links hätten drehen wollen, dann hätten wir das Geodreieck einfach genau um 180° gedreht anlegen müssen (also „Spitze nach oben"). Um eine Figur zu drehen, müssen wir nun also einfach alle Eckpunkte drehen.

**Aufgabe 6.4.2** *Drehe die Figuren oder Punkte (Kreuze) um den angegebenen Winkel und in die angegebene Richtung.*

*Um 30° nach links.*                    *Um 45° nach rechts.*

a)                    ●

       ✕

*Um 150° nach rechts.*                                c)   ✕

            ●

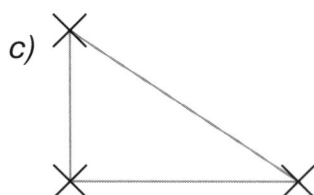

                                                                    ●

b)   ✕

# 7 Prozente und Zinsen

Wir wissen bereits, wie wir Anteile an etwas durch einen Bruch darstellen. So können wir zum Beispiel einen halben Kuchen als „$\frac{1}{2}$ Kuchen" schreiben. Prozente geben, genau wie Brüche, einen Anteil an etwas an. Und zwar können wir, wenn wir im Nenner eine 100 stehen haben, auch Prozent schreiben. Prozent kommt nämlich aus dem lateinischen und bedeutet so viel wie **Hundertstel**. Genau wie wir, wenn wir Brüche vergleichen wollen, alle Brüche auf den gleichen Nenner bringen müssen, so dienen Prozentangaben (da sie schon den gleichen Nenner haben) dazu, dass wir unsere Angaben leicht vergleichen können.

Brüche in Prozent

> Prozente sind eine andere Schreibweise für Brüche mit dem Nenner 100:
>
> $$\frac{4}{100} = 4\%; \quad \frac{15}{100} = 15\%; \quad \frac{142}{100} = 142\%; \quad \dots \text{ Allgemein: } \frac{p}{100} = p\%$$

Prozente anschaulich

**Beispiel 7.1** *Jeden Bruch können wir jetzt also in Prozent umrechnen:*

$$\frac{1}{2} = \frac{1 \cdot 50}{2 \cdot 50} = \frac{50}{100} = 50\%$$

$$\frac{1}{4} = \frac{1 \cdot 25}{4 \cdot 25} = \frac{25}{100} = 25\%$$

$$\frac{7}{8} = \frac{7 \cdot 12{,}5}{8 \cdot 12{,}5} = \frac{87{,}5}{100} = 87{,}5\%$$

**Beispiel 7.2** *Wenn wir einen Nenner nicht auf* 100 *erweitern können, dann teilen wir einfach den Zähler durch den Nenner, um auf die Dezimalschreibweise zu kommen:* $\frac{4}{9} = 0{,}\overline{4}$. *Dies können wir als Prozent schreiben, indem wir* $\cdot 100$ *rechnen:* $0{,}\overline{4} \cdot 100 = 44{,}\overline{4}\%$.

**Aufgabe 7.0.1** *Wandle in die Prozentschreibweise um.*

a) $\frac{40}{100}$   b) $\frac{3}{25}$   c) $\frac{23}{20}$   d) $\frac{2}{5}$   e) 0,4   f) 1,23   g) $\frac{3}{9}$   h) $\frac{2}{3}$

**Aufgabe 7.0.2** *Wandle in Prozent um und ordne der Größe nach, mit dem Größten Element vorne.*

a) $\frac{6}{5}$      b) $\frac{7}{250}$      c) $\frac{7}{20}$      d) $\frac{2}{5}$      e) 32,5% f) $\frac{21}{30}$      g) $\frac{50}{1000}$      h) $\frac{47}{50}$

**Aufgabe 7.0.3** *Fabiola und Maxi werfen Papierkügelchen in einen Papierkorb. Fabiola hat dabei einen Abstand von 1,5m und Maxi von 2m. Fabiola trifft insgesamt von 30 Würfen 19-Mal den Papierkorb. Maxi wirft 20-Mal und trifft 12-Mal. Wer hat die bessere Trefferquote?*

**Aufgabe 7.0.4** *Gib den Anteil der dunkelgrau markierten Fläche in Prozent an.*

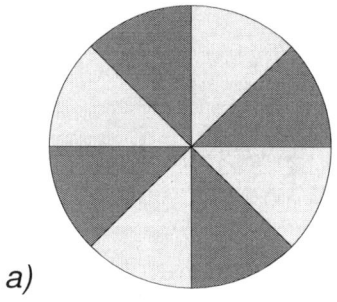

a)

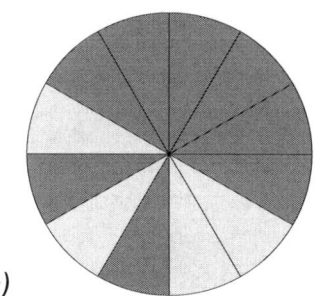

c)

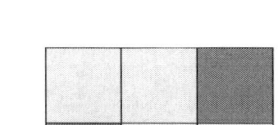

b)

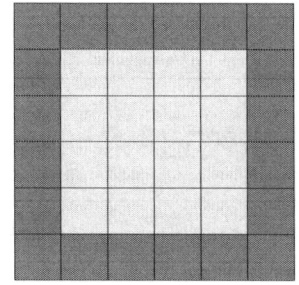

d)

# 7.1   Grundwert und Prozentwert

Prozent-
rechnung

Auf Verpackungen finden wir oft Angaben wie unten abgebildet. Dort werden Prozentangaben verschiedene Gewichtsangaben zugeordnet. Wir bezeichnen die 4,6g als **Prozentwert** (auch Anzahl oder absolute Häufigkeit) und die 30,66% als **Prozentsatz**. Dabei steht die Portionsmenge von 15g für 100%.

Starte in den Tag mit unserem Nussaufstrich!

| Zusammensetzung | Pro Portion(15g) |
|---|---|
| Fett 30,66% | 4,6g |
| Kohlenhydrate 57,33% | 8,6g |
| Eiweiß 6% | 0,9g |

Die „Ausgangsmenge", der die 100% zugeordnet sind, bezeichnen wir als **Grundwert**. Es gilt also: 4,6g : 15g = 30,66%. Wir können Prozente somit als Anteil vom Grundwert deuten.

$$\text{Prozentsatz } \% = \frac{\text{Prozentwert}}{\text{Grundwert}} \cdot 100$$

**Beispiel 7.3** *In meinem Müsli sind 50g Schokolade in einer 250g Portion. Wie viel Prozent Schokolade habe ich pro Portion?*

$$\text{Prozentsatz } \% = \frac{50}{250} \cdot 100 = 20\%$$

**Aufgabe 7.1.1** *Jonas bekommt 8 Euro Taschengeld und gibt davon 2,50 Euro für Süßigkeiten aus. Simon gibt 1,90 Euro für Comics aus und hat dann noch 7,10 Euro übrig.*

a) *Wie viel Prozent von seinem Taschengeld gibt Jonas für Süßigkeiten aus?*

b) *Wie viel Prozent gibt Simon aus?*

c) *Was sind Grundwert, Prozentwert und Prozentsatz bei Jonas und Simon?*

**Beispiel 7.4** *In der 5a sind nur insgesamt 5 Jungen. Dafür gibt es einen Mädchenanteil von 75%.*

**Auf welchen Grundwert bezieht sich der Prozentsatz von 75%?**

*Die 75% beziehen sich auf die Gesamtanzahl an Schülern, also Mädchen und Jungen. Wenn wir 75% Mädchen haben, bedeutet das auch, dass wir 25% Jungen haben. Die Klasse hat also dreimal mehr Mädchen als Jungs und somit insgesamt $4 \cdot 5 = 20$ Schüler.*

**Am Montag beim Sportunterricht war nur ein Schüler krank, aber am Donnerstag zum Bodenturnen waren vier Schüler krank. Wie viel Prozent der Klasse sind das jeweils?**

*Wir dividieren die Prozentwerte 1 und 4 jeweils durch den Grundwert 20.*

$$\frac{1}{20} = 5\% \qquad und \qquad \frac{4}{20} = 20\%$$

Wie wir den Prozentsatz berechnen haben wir jetzt verstanden. Aber oft ist im Zusammenhang mit Prozentaufgaben der Prozentsatz gegeben und der Prozentwert gesucht! Betrachten wir ein Beispiel:

**Beispiel 7.5** *Annika möchte sich eine Waschmaschine kaufen. Normalerweise kostet sie 500 Euro, aber heute gibt es 15% Rabatt. Also: Grundwert = 500 und Prozentsatz = 15%. Was ist der Prozentwert, also wie viel spart Annika und wie viel kostet die Waschmaschine jetzt?* $\frac{15 \cdot 500}{100} = 75$ *Euro. Es gibt also 75 Euro Rabatt und die Waschmaschine kostet nur noch $500 - 75 = 425$ Euro.*

$$\text{Prozentwert} = \text{Grundwert} \cdot \frac{\text{Prozentsatz \%}}{100}$$

Den Grundwert können wir dementsprechend ausrechnen:

$$\text{Grundwert} = \text{Prozentwert} \cdot \frac{100}{\text{Protentsatz \%}}$$

**Aufgabe 7.1.2** *Von den 1250 Schülern und Schülerinnen am Goethe-Gymnasium machen 24% mindestens eine Sportart. Von den restlichen spielen 12% ein Musikinstrument.*

    a) *Wie viele Schüler und Schülerinnen machen mindestens eine Sportart?*

    b) *Wie viele von den restlichen spielen mindestens ein Musikinstrument?*

**Aufgabe 7.1.3** *Farina will ihrem Freund einen Adventskalender zu Weihnachten kaufen. Dafür hat sie zwei zur Auswahl. Einer kostet 12 € und ist 5% runtergesetzt und einer kostet 15 € und ist 20% runtergesetzt. Welcher wäre billiger?*

### 7.1.1 Kreisdiagramm

Kreis-
diagramm
zeichnen

Wenn wir Anteile veranschaulichen wollen, dann tun wir das meist in einem Kreisdiagramm. Die 6. Klasse vom Andreanum hat eine Klassenarbeit geschrieben und es hat sich folgende Verteilung ergeben:

| Note 1 | Note 2 | Note 3 | Note 4 | Note 5 | Note 6 |
|--------|--------|--------|--------|--------|--------|
| 3 | 6 | 8 | 6 | 2 | 0 |

Wir haben also insgesamt 25 Schüler. Für jede Note können wir also den Prozentsatz berechnen. Wenn wir das jetzt den Anteilen getreu in ein Kreisdiagramm übertragen wollen, dann brauchen wir Gradzahlen anstatt von Prozenten. Dafür setzen wir als Grundwert den Vollwinkel von 360°. Für Note 1 würden wir also rechnen: $\frac{3}{25}$ = 12% und 360° $\cdot \frac{12}{100}$ = 43,2°.

| Note 1 | Note 2 | Note 3 | Note 4 | Note 5 | Note 6 |
|--------|--------|--------|--------|--------|--------|
| 3 | 6 | 8 | 6 | 2 | 0 |
| 12% | 24% | 32% | 24% | 8% | 0% |
| 43,2° | 86,4° | 115,2° | 86° | 28,8° | 0° |

Mit diesen Winkeln und dem Mittelpunkt des Kreises als Scheitelpunkt, können wir ein Kreisdiagramm zeichnen:

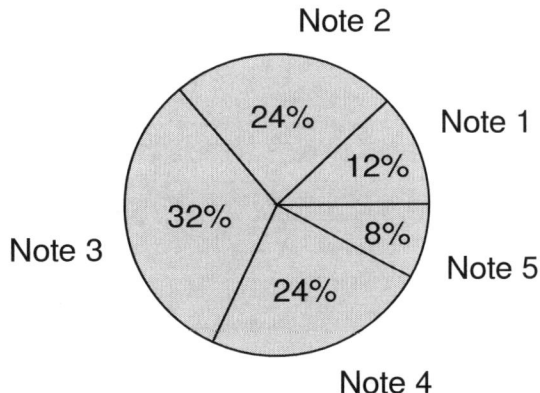

**Aufgabe 7.1.4** *Eine Packung Müsli enthält 45% Haferflocken, 22% Mandeln, 13% dunkle Schokolade, 10% Knusperbällchen und 10% weiße Schokolade.*

*a) Wie viel Gramm jeder Zutat sind in einer 2,5kg Packung?*

*b) Stelle die Zusammensetzung in einem Kreisdiagramm dar.*

## 7.2 Zinsrechnung

Bei Banken werden Sparende oft durch Zinsen belohnt. Zinsen sind eine jährliche Gutschrift, die abhängig vom angelegten Geld sind. Je mehr Geld angespart wurde, desto mehr Zinsen bekommt man.

Ich habe 250 Euro auf der Bank. Am Jahresende bekomme ich eine Gutschrift von 0,9%. Das bedeutet die Bank gibt mir $250 \cdot \frac{0,9}{100} = 2,25$ Euro. Allgemein sagt die Bank zu meinen 250 Euro **Guthaben** oder auch **Kapital**. Das Geld wird mit einem **Zinssatz** von 0,9% verzinst. Am Ende werden mir 2,25 Euro **Zinsen gezahlt**. Wir können also wie bisher rechnen, nur dass wir ein paar Begriffe austauschen:

> Zinssatz = Prozentsatz (%)
> Zinsen = Prozentwert
> Guthaben oder Kapital = Grundwert

**Beispiel 7.6** *Familie Warnebold erhält für 4000 Euro Jahreszinsen von 112,50 Euro. Wie hoch ist der Zinssatz?*

*Kapital = 4000 und Zinsen = 112,50. Somit können wir den Zinssatz errechnen als:*

$$\frac{112,50}{4000} = 2,8125\%$$

**Aufgabe 7.2.1** *Berechne die fehlenden Angaben:*

|                        | a)   | b)   | c)  | d)   | e)    | f)     |
|------------------------|------|------|-----|------|-------|--------|
| Guthaben in Euro       | 400  | 600  |     | 2400 | 7252  |        |
| Zinssatz               | 3%   |      | 5%  |      | 1,5%  | 2%     |
| Jahreszinsen in Euro   |      | 22   | 200 | 60   |       | 170,31 |

## Zinseszins

Zinsen werden üblicherweise jährlich zum Guthaben addiert. Wenn ich mein Geld nun für mehr als ein Jahr anlege, dann werden im zweiten Jahr die Zinsen für das **alte Guthaben + den Zinsen** berechnet. Das nennen wir **Zinseszins**, weil es sich um Zinsen von den Zinsen handelt.

**Beispiel 7.7** *Das sieht dann so aus, dass ich für meine 250 Euro mit 0,9% Zinsen nach dem Ersten Jahr also 250 + 2,25 = 252,25 Euro habe. Für das zweite Jahr erhalte ich 252,25 · $\frac{0,9}{100}$ = 2,27 Euro. Das sind mehr Zinsen als im Jahr davor! Ich habe nach dem zweiten Jahr somit 252,25 + 2,27 = 254,52 Euro!*

In manchen Aufgaben kann die Frage nach Monaten oder Tagen und nicht Jahren kommen. Dabei rechnen wir vereinfacht immer mit 365 Tagen im Jahr und 30 Tagen im Monat. Für einen Tag bekommen wir also $\frac{1}{365}$ von den Jahreszinsen.

**Aufgabe 7.2.2** *Annika hat 1500 Euro auf ihrem Konto und legt ihr Geld mit 1,5% Jahreszinssatz an. Florian legt seine 1300 Euro mit 3,1% Jahreszinssatz an. Wer hat nach drei Jahren mehr? Wie viel mehr?*

**Beispiel 7.8** *Manchmal ergibt es Sinn, große Aufgabe in Teilprobleme zu zerlegen und Schritt für Schritt vorzugehen:*

*Der Supermarkt hat dieses Wochenende viele Preise für Dinge in meinem Einkaufswagen reduziert. Darunter sind*

- *Tafel Schokolade: Jetzt 0,88 € um 15% reduziert.*

- *Erdbeeren: Jetzt 2,10 € um 10% reduziert.*

- *Pizza: Jetzt 3,00 € um 20% reduziert.*

- *Klopapier: Jetzt 1,99 € um 15% reduziert.*

*Aber wie viel hat es vorher gekostet und wie viel spare ich somit?*

- *Bei der Schokolade geht das so:*

  - *Grundwert – alter Preis*
  - *Prozentwert = neuer Preis (0,88 €)*
  - *Prozentsatz = 100% – 15% = 85% (wegen Preisreduzierung)*

  *Wir berechnen den Grundwert 0,88 € $\cdot \frac{100}{85}$ = 1,04 €.*

- *Für die Erdbeeren erhalten wir einen Grundwert von 2,33 €.*

- *Für die Pizza errechnen wir 3,75 € und*

- *für das Klopapier 2,34 €.*

Damit ergibt sich für den alten Gesamtpreis 1,04 + 2,33 + 3,75 + 2,34 = 9,46 € und für den neuen Gesamtpreis 7,97 €.

Es wurden also 9,46 – 7,97 = 1,49 € gespart.

Dieser Wert ist der Prozentwert zu dem Grundwert von 9,46€. Somit haben wir in Prozent eingespart: $\frac{1,49}{9,46} \approx 15,75\%$.

# Notizen

# 8 Daten und Zufall

Bei einem Spiel geht es für zwei Teilnehmer darum, als Erstes eine graue Seite zu erzielen. Dabei gibt es zwei verschiedene Auswahlmöglichkeiten:

Eine Münze werfen, wo die Vorderseite weiß und die Rückseite grau ist:

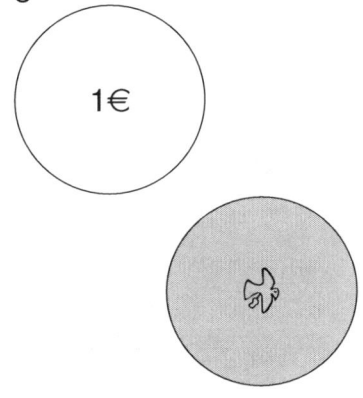

Eine Drehscheibe drehen:

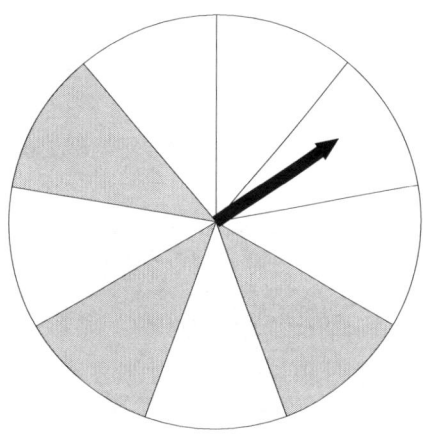

Stellt euch vor, wir spielen gegeneinander und ihr dürft zuerst wählen. Was wählt ihr und warum?

Natürlich wissen wir beide bevor wir spielen nicht, was am Ende das Ergebnis ist. Wir wissen allerdings, dass es nur zwei mögliche Ergebnisse gibt: grau und weiß. Außerdem können wir eine sinnvolle Prognose abgeben. Bei der Münze ist eine Seite grau, also genau die Hälfte. Bei der Drehscheibe sind drei von neun Abschnitte grau, also weniger als die Hälfte. Die Prognose lautet also: Es ist wahrscheinlicher, dass wir mit der Münze eine graue Seite erzielen.

Ein Experiment, bei dem wir das Ergebnis nicht genau vorhersagen können, welches wir aber beliebig oft wiederholen können, nennen wir **Zufallsexperiment**.

**Beispiel 8.1** *Wir spielen das Spiel von oben zwei Mal und werfen oder drehen dabei jeweils 100 Mal. Dabei erhalten wir folgenden Ergebisse:*

| 100× | weiß | grau |
|---|---|---|
| Münze | 53 | 47 |
| Drehscheibe | 65 | 35 |

*Genau wie vermutet gewinnt der Würfel häufiger als die Drehscheibe.*

Wir können die Prognose sogar noch genauer formulieren: Bei jedem zweiten werfen der Münze zeigt sie eine graue Seite und bei jedem dritten drehen der Drehscheibe zeigt der Pfeil auf eine graue Seite.

## 8.1  Absolute und Relative Häufigkeit

relative und
absolute
Häufigkeit

Aus Versuchsreihen ergeben sich Wahrscheinlichkeiten. Betrachten wir noch einmal die Tabelle aus Beispiel 8.1 genauer. Wir haben 100-Mal geworfen und 53-Mal nur eine weiße Seite erzielt. Das nennen wir die **absolute Häufigkeit**. Wir können auch den Anteil der absoluten Häufigkeit an der Gesamtzahl an Würfen bestimmen. Diesen Anteil nennen wir **relative Häufigkeit**. Relativ bedeutet so viel wie „bezogen auf". Je häufiger wir das Experiment wiederholen, desto genauer sind die Aussagen, die wir treffen können.

von relative
Häufigkeit zu
Prozenten

$$\text{relative Häufigkeit} = \frac{\text{absolute Häufigkeit}}{\text{Gesamtanzahl}}$$

**Beispiel 8.2** *Wir werfen jetzt unsere grau-weiße Münze erst 10-Mal, dann 100-Mal und dann 1000-Mal hintereinander. Das Ergebnis protokollieren wir:*

| Würfe | 10× | | 100× | | 1000× | |
|---|---|---|---|---|---|---|
| | *weiß* | *grau* | *weiß* | *grau* | *weiß* | *grau* |
| *absolute Häufigkeit* | 7 | 3 | 53 | 47 | 488 | 512 |
| *relative Häufigkeit* | 0,7 | 0,3 | 0,53 | 0,47 | 0,49 | 0,51 |

Wenn wir das Zufallsexperiment sehr häufig wiederholen, dann sehen wir, dass sich die relative Häufigkeit immer weiter einem genauen Wert annähert, also kaum noch schwankt. Diesen Wert bezeichnen wir als **Wahrscheinlichkeit** und wir können ihn für Prognosen nutzen. Für die obige Münze können wir also die Wahrscheinlichkeiten so schätzen:

| Ergebnis: | weiß | grau |
|---|---|---|
| geschätzte Wahrscheinlichkeit: | 0,5 | 0,5 |

Wir kürzen die Wahrscheinlichkeit auch mit $P$ ab. Für die Ergebnisse weiß und grau würden wir also schreiben: $P(\text{weiß}) = 0{,}5 = 50\%$ und $P(\text{grau}) = 0{,}5 = 50\%$.

**Aufgabe 8.1.1** *Tobi wirft eine Reißzwecke 250-Mal und erhält dabei 182-Mal Kopf. Maria bekommt bei 500-Mal werfen 312-Mal Kopf und Helge bekommt bei 750-Mal werfen 455-Mal Kopf. Berechne die relative Häufigkeit in Prozent. Welche Wahrscheinlichkeit lässt sich anhand der durchgeführten Experimente schätzen?*

## 8.2  Laplace-Experiment

Ein Laplace-Experiment ist eine besondere Art von Zufallsexperiment. Hierbei nehmen wir an, dass **alle Ergebnisse gleich wahrscheinlich** sind. Bei einem normalen Spielwürfel oder dem Werfen einer Münze erwarten wir zum Beispiel, dass jedes Ergebnis mit gleich hoher Wahrscheinlichkeit auftritt. Aber bei der Reißzwecke haben wir schon gemerkt, dass Kopf häufiger ist als die Seite. Somit handelt es sich bei dem Reißzweckenwurf nicht um ein Laplace-Experiment.

> **Für Laplace-Experimente gilt:**
>
> Alle Ergebnisse sind gleich wahrscheinlich. Werfen wir eine Münze und haben dementsprechend zwei Ergebnisse, ist die Wahrscheinlichkeit für jedes Ergebnis $\frac{1}{2}$. Werfen wir einen sechsseitigen Würfel, dann hat jedes einzelne Ergebnis $P(\text{Würfelseite}) = \frac{1}{6}$. Bei $n$ möglichen Ergebnissen haben wir also eine Wahrscheinlichkeit von $\frac{1}{n}$ je Ergebnis.

**Beispiel 8.3** *Ein Roulette hat die Zahlen 0 − 36, wobei die 0 grün ist, 18 Zahlen rot und 18 Zahlen schwarz sind. Alle Felder sind gleich groß.*

***Wie groß ist die Wahrscheinlichkeit, dass das Ergebnis eine Null ist?***

*Da alle Felder gleich groß sind, hat jedes Feld die gleiche Wahrscheinlichkeit. Somit gilt: $P(\text{Null}) = \frac{1}{37}$*

***Wie häufig tritt die Null in etwa auf, wenn wir 750-Mal drehen?***

*Die absolute Häufigkeit wird ungefähr bei $750 \cdot \frac{1}{37} \approx 20$ liegen.*

**Aufgabe 8.2.1** *Ich ziehe eine Karte aus einem Kartenspiel. Das Kartenspiel besteht vier-Mal aus den Karten von 1 - 13, also insgesamt 52 Karten. Davon sind 26 rot (13 Karo und 13 Herz) und 26 schwarz (13 Kreuz und 13 Pik). Mit welcher Wahrscheinlichkeit erwische ich*

    *a) die Herz Zehn?*        *c) eine Pik-Karte?*

    *b) eine rote Karte?*     *d) keine Karo-Karte?*

## 8.3  Ereignis

Wir können jetzt die Wahrscheinlichkeit von einzelnen Ereignissen berechnen. Doch stellt euch vor wir wollen nicht nur einen einzigen Ausgang betrachten, sondern mehrere! Wie groß wäre zum Beispiel die Wahrscheinlichkeit, dass wir bei einem Würfelwurf eine Augenzahl erhalten, die gerade ist? Von allen möglichen Ergebnissen $\{1; 2; 3; 4; 5; 6\}$ sind die 2, 4 und 6 gerade. Mehrere Ergebnisse fassen wir zu einem **Ereignis** zusammen. In diesem Fall also zu dem Ereignis „Würfeln einer geraden Augenzahl". Da jedes einzelne Ergebnis die gleiche Wahrscheinlichkeit hat, erhalten wir die Wahrscheinlichkeit des Ereignisses als $\frac{1}{6} + \frac{1}{6} + \frac{1}{6} = \frac{3}{6} = 0{,}5 = 50\%$.

> **Summenregel:** Wir erhalten die Wahrscheinlichkeit für ein Ereignis indem wir die Einzelwahrscheinlichkeiten der Ergebnisse addieren.

**Beispiel 8.4** *In einer Tüte Haribo sind 25% grüne, 17% rote, 15% gelbe, 22% orange und 21% weiße Bärchen. Die Wahrscheinlichkeit, dass wir einen gelben oder roten Bären ziehen ist 15% + 17% = 31%.*

**Aufgabe 8.3.1** *Wie groß ist die Wahrscheinlichkeit beim Roulette spielen*

    *a) auf rot zu landen?*

    *b) auf einer geraden Zahl zu landen?*

    *c) auf einer Zahl zu landen, die durch 6 teilbar ist?*

## 8.4  Mehrstufige Zufallsexperimente

Ich behaupte, dass wenn ich zwei-Mal eine faire Münze werfen, also eine wo die Wahrscheinlichkeit von Kopf und Zahl jeweils 50% sind, dann habe ich 100% einmal Kopf dabei. Habe ich recht?

Baum-
diagramm

Durchdenken wir das doch einmal gemeinsam: Ein Zufallsexperiment, dass aus mehreren einzelnen Versuchen besteht, bezeichnen wir als **mehrstufig**.

Betrachten wir erst einmal, was es für mögliche Ausgänge gibt:

    1. Beide Münzen zeigen Kopf.

    2. Beide Münzen zeigen Zahl.

    3. Erst werfe ich Kopf, dann Zahl.

    4. Erst werfe ich Zahl, dann Kopf.

Die Ergebnisse können wir in einem Baumdiagramm darstellen, wobei eine Ebene jeweils für die Durchführung eines Experimentes steht und ein Ergebnis ein **Pfad** ist.

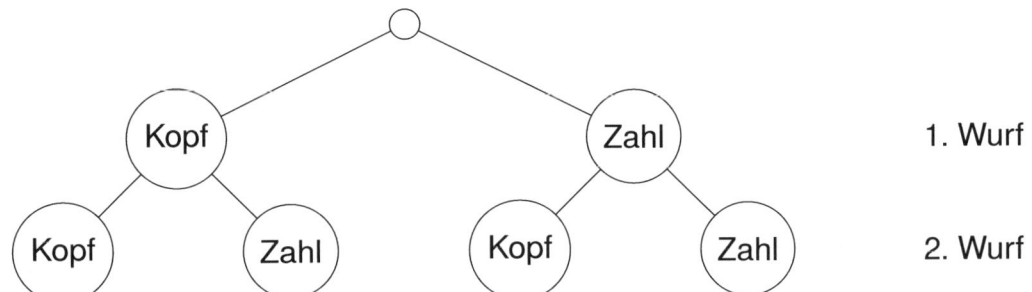

Die Wahrscheinlichkeit, dass ich im ersten Wurf Kopf werfe beträgt $\frac{1}{2}$. Die Wahrscheinlichkeit im zweiten Wurf Kopf zu werfen, beträgt wieder $\frac{1}{2}$. Dies können wir in unser Baumdiagramm eintragen:

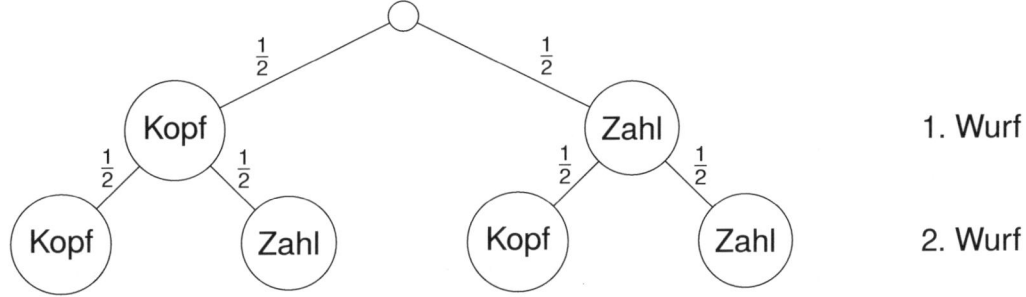

Die Wahrscheinlichkeit, dass in beiden Würfen Kopf geworfen wird, ist somit $\frac{1}{2}$ von $\frac{1}{2}$ also $\frac{1}{4}$ = 25%. Ich hatte somit unrecht mit meiner Aussage am Anfang. Wir haben gerechnet: $\frac{1}{2} \cdot \frac{1}{2} = \frac{1}{4}$. Die Einzelwahrscheinlichkeiten entlang eines Pfades werden multipliziert und wir erhalten die Gesamtwahrscheinlichkeit dieses Ergebnisses.

> Mehrstufige Zufallsexperimente können wir durch Baumdiagramme veranschaulichen. Ein Ergebnis ist ein Pfad in diesem Baum.
>
> **Pfadregel:** Die Wahrscheinlichkeit für ein Ergebnis erhalten wir indem wir die Wahrscheinlichkeiten entlang des zugehörigen Pfades multiplizieren.

Die Wahrscheinlichkeit für ein Ereignis, zum Beispiel mindestens einmal Zahl werfen, erhalten wir indem wir erst die Pfadregel und dann die Summenregel anwenden. Wir berechnen mit der Pfadregel die Wahrscheinlichkeit für die Ergebnisse $\{$Kopf+Zahl; Zahl+Kopf; Zahl+Zahl$\}$ und addieren diese: $\frac{1}{4} + \frac{1}{4} + \frac{1}{4}$ = 75%

**Beispiel 8.5** *Wir haben eine Urne in der zehn rote und fünf grüne Kugeln sind. Wir wollen drei-Mal ziehen und die Kugel jeweils immer zurücklegen. Das Baumdiagramm sieht dann wie folgt aus:*

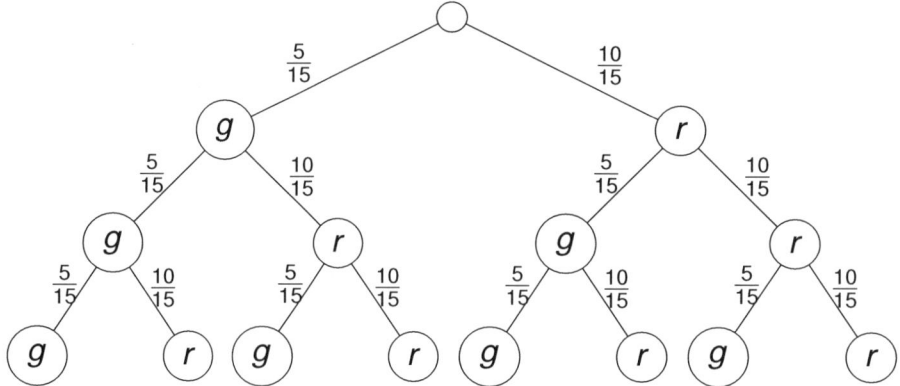

*Die Wahrscheinlichkeit drei rote Kugeln zu ziehen ist:*

$$\frac{10}{15} \cdot \frac{10}{15} \cdot \frac{10}{15} = \frac{1000}{3375} = \frac{8}{27} = 29{,}6\%$$

*Die Wahrscheinlichkeit drei grüne Kugeln zu ziehen ist:*

$$\frac{5}{15} \cdot \frac{5}{15} \cdot \frac{5}{15} = \frac{125}{3375} = \frac{1}{27} = 3{,}70\%$$

*Die Wahrscheinlichkeit mindestens zwei grüne Kugeln zu ziehen ist:*

$$\frac{5}{15} \cdot \frac{5}{15} \cdot \frac{5}{15} + \frac{5}{15} \cdot \frac{5}{15} \cdot \frac{10}{15} + \frac{5}{15} \cdot \frac{10}{15} \cdot \frac{5}{15} + \frac{10}{15} \cdot \frac{5}{15} \cdot \frac{5}{15} = 25{,}02\%$$

**Aufgabe 8.4.1** *Sergej zieht drei-Mal hintereinander jeweils eine Spielkarte aus einem Kartenblatt wie in Aufgabe 8.2.1 und mischt diese nach dem Anschauen wieder ins Deck.*

   a) *Wie groß ist die Wahrscheinlichkeit, dass er nur rote Karten gesehen hat?*

   b) *Wie groß ist die Wahrscheinlichkeit, dass er mindestens zwei schwarze Karten gezogen hat?*

   c) *Wie groß ist die Wahrscheinlichkeit, dass er die Kreuz-Sieben gesehen hat?*

*Überlegt genau, für was ihr ein Baumdiagramm braucht und welche Informationen ihr darstellen müsst!*

**Aufgabe 8.4.2** *Christoph fährt nach der Arbeit immer mit dem Zug nach Hause. Dort trifft er mit einer Wahrscheinlichkeit von 50% Karli und mit einer Wahrscheinlichkeit von 75% trifft er Petra. Vor dem Einsteigen denkt er sich: „Laut der Summenregel werde ich wohl wenigstens einen der beiden mit einer Wahrscheinlichkeit von 125% treffen." Kann die Wahrscheinlichkeit höher als 100% sein? Und beim Aussteigen hat er noch weder Karli oder Petra gesehen. Wo denkt Christoph falsch?*

# A Lösungen

**zu Aufgabe 1.1.1**

a) Wahr, denn 64 ist gerade.

b) Falsch, denn 26 : 4 Rest 2.

c) Wahr, denn 3 + 6 = 9 und 9 : 3 = 3 Rest 0.

d) Falsch, da zwar 2 ein Teiler ist (28 ist gerade) aber die drei nicht
(2 + 8 = 10 und 10 : 3 = 3 Rest 1).

e) Falsch, denn 12 endet weder auf 0 noch auf 5.

f) Wahr, denn 7 + 2 = 9 und 9 : 9 = 1 Rest 0.

g) Falsch, denn 58 : 8 = 7 Rest 2.

h) Wahr, denn 8 + 7 = 15 und 15 : 3 = 5 Rest 0.

**zu Aufgabe 1.1.2**

a) Zuerst wird überprüft, ob alle enthaltenen Elemente korrekt sind:

- Die 1 und die 15 sind auf jeden Fall Teil der Teilermenge.
- Die 3 ist ebenfalls korrekt, da die Quersumme durch 3 teilbar ist.
- Die 5 ist korrekt, da die Zahl auf 5 endet.
- Die 8 ist **falsch**, da 15 : 8 = 1 Rest 7.

Als zweites wird überprüft, ob noch Elemente fehlen:

- Die Zahl ist nicht gerade, also ist die 2 nicht Teil der Menge.
- Die Zahl ist weder durch 4 noch durch 7 teilbar.
- Da 15 nicht durch 2 teilbar ist, ist sie auch nicht durch 6 teilbar.
- Die Quersumme ist nicht durch 9 teilbar, also ist die 9 nicht teil der Menge.

$T_{15} = \{1; 3; 5; 15\}$ ist somit die korrekte Teilermenge.

b) Zuerst wird überprüft, ob alle enthaltenen Elemente korrekt sind:

- Die 1 und die 14 sind auf jeden Fall teil der Teilermenge.
- Die 2 ist ebenfalls korrekt, da die Zahl gerade ist.

Als zweites wird überprüft, ob noch Elemente fehlen:

- Die Quersumme ist 1 + 4 = 5 und ist somit weder durch 3 noch durch 9 teilbar.
- Die Zahl ist nicht durch 4 teilbar.
- Da 14 weder auf 0 noch auf 5 endet, sind weder 5 noch 10 Teil der Menge.
- Da 14 nicht durch 3 teilbar ist, ist sie auch nicht durch 6 teilbar.
- 14 : 7 = 2 Rest 0, somit ist 7 ein **korrekter** Teiler.
- Die 14 ist nicht ohne Rest durch 8 teilbar.

$T_{14} = \{1; 2; 7; 14\}$ ist somit die korrekte Teilermenge.

c) Zuerst wird überprüft, ob alle enthaltenen Elemente korrekt sind:

- Die 2 ist korrekt, da die Zahl gerade ist.
- 28 : 4 = 7 Rest 0 und somit 28 : 7 = 4 Rest 0. Somit sind 4 und 7 Teiler.
- 28 : 2 = 14 Rest 0, somit ist 14 korrekt.

Als zweites wird überprüft, ob noch Elemente fehlen:

- Jede Zahl ist durch 1 und sich selber teilbar. Somit sind 1 und 28 ebenfalls **korrekte** Teiler.
- Die Quersumme ist 2 + 8 = 10 und ist somit weder durch 3 noch durch 9 teilbar.
- Da 28 weder auf 0 noch auf 5 endet, sind weder 5 noch 10 teil der Menge.
- Da 28 nicht durch 3 teilbar ist, ist sie auch nicht durch 6 teilbar.
- 28 : 8 = 3 Rest 3.

$T_{14} = \{1; 2; 4; 7; 14; 28\}$ ist somit die korrekte Teilermenge.

**zu Aufgabe 1.1.3**

a) $T_{27} = \{1; 3; 9; 27\}$

d) $T_{18} = \{1; 2; 3; 6; 9; 18\}$

b) $T_{36} = \{1; 2; 3; 4; 6; 9; 12; 18; 36\}$

e) $T_9 = \{1; 3; 9\}$

c) $T_{60} = \{1; 2; 3; 4; 5; 6; 10; 12; 15; 20; 30; 60\}$  f) $T_{100} = \{1; 2; 4; 5; 10; 20; 25; 50; 100\}$

**zu Aufgabe 1.1.4**

a) $T_6 = \{1; 2; 3; 6\}$, $T_8 = \{1; 2; 4; 8\}$. Somit ist der $ggT(6, 8) = 2$.

b) $T_{12} = \{1; 2; 3; 4; 6; 12\}$, $T_{16} = \{1; 2; 4; 8; 16\}$. Somit ist der $ggT(12, 16) = 4$.

c) $T_{28} = \{1; 2; 4; 7; 14; 28\}$, $T_{30} = \{1; 2; 3; 5; 6; 10; 15; 30\}$. Somit ist der $ggT(28, 30) = 2$.

d) $T_7 = \{1; 7\}$, $T_{13} = \{1; 13\}$. Somit ist der $ggT(7, 13) = 1$.

e) $T_{12} = \{1; 2; 3; 4; 6; 12\}$, $T_{40} = \{1; 2; 4; 5; 8; 10; 20; 40\}$. Somit ist der $ggT(12, 40) = 4$.

f) $T_{25} = \{1; 5; 25\}$, $T_{100} = \{1; 2; 4; 5; 10; 20; 25; 50; 100\}$. Somit ist der $ggT(25, 100) = 25$.

**zu Aufgabe 1.1.5**

| ggT | 2 | 8 | 18 | 22 | 42 |
|-----|---|---|----|----|----|
| 6 | 2 | 2 | 6 | 2 | 6 |
| 12 | 2 | 4 | 6 | 2 | 6 |
| 28 | 2 | 4 | 2 | 2 | 14 |
| 35 | 1 | 1 | 1 | 1 | 7 |

**zu Aufgabe 1.2.1**

a) $V_3 = \{3; 6; 9; 12; 15\}$

b) $V_7 = \{7; 14; 21; 28; 35\}$

c) $V_{12} = \{12; 24; 36; 48; 60; 72\}$

d) $V_{15} = \{15; 30; 45; 60; 75\}$

**zu Aufgabe 1.2.2**

a) 4        b) 7        c) 8        d) 13

**zu Aufgabe 1.2.3**

a) $V_2 = \{2; 4; 6; 8; 10; \dots\}$ und $V_5 = \{5; 10; \dots\}$. Somit ist das $kgV(2, 5) = 10$.

b) 12 ist genau die Hälfte von 24. Somit ist das $kgV(12, 24) = 24$.

c) $V_5 = \{5; 10; 15; 20; 25; 30; 35; \dots\}$ und $V_7 = \{7; 14; 21; 28; 35; \dots\}$. Somit ist das $kgV(5, 7) = 35$.

d) $V_6 = \{6; 12; 18; 24; 30; 36; 42; 48; \dots\}$ und $V_8 = \{8; 16; 24; 32; 40; 48; \dots\}$. Somit ist das $kgV(6, 8) = 24$.

e) $V_{14} = \{14; 28; 42; 56; 70; 84; 98; 112; 126; 140; 154; 168; \dots\}$ und $V_{24} = \{24; 48; 72; 96; 120; 144; 168; \dots\}$. Somit ist das $kgV(14, 24) = 168$.

f) $V_4 = \{4; 8; 12; 16; 20; 24; 28; 32; 36; 40; 44; 48; 52; 56; 60; 64; 68; \dots\}$ und $V_{17} = \{17; 34; 51; 68; \dots\}$. Somit ist das $kgV(4, 17) = 68$.

**zu Aufgabe 1.2.4**

| kgV | 3 | 7 | 12 | 15 | 36 |
|-----|-----|-----|-----|-----|-----|
| 5 | 15 | 35 | 60 | 15 | 180 |
| 8 | 24 | 56 | 24 | 120 | 72 |
| 12 | 12 | 84 | 12 | 60 | 36 |
| 20 | 60 | 140 | 60 | 60 | 180 |

**zu Aufgabe 1.3.1**

| | 2 | 3 | 4 | 5 | 6 | 7 | 8 | 9 | 10 |
|-----|-----|-----|-----|-----|-----|-----|-----|-----|-----|
| 11 | 12 | 13 | 14 | 15 | 16 | 17 | 18 | 19 | 20 |
| 21 | 22 | 23 | 24 | 25 | 26 | 27 | 28 | 29 | 30 |
| 31 | 32 | 33 | 34 | 35 | 36 | 37 | 38 | 39 | 40 |
| 41 | 42 | 43 | 44 | 45 | 46 | 47 | 48 | 49 | 50 |
| 51 | 52 | 53 | 54 | 55 | 56 | 57 | 58 | 59 | 60 |
| 61 | 62 | 63 | 64 | 65 | 66 | 67 | 68 | 69 | 70 |
| 71 | 72 | 73 | 74 | 75 | 76 | 77 | 78 | 79 | 80 |
| 81 | 82 | 83 | 84 | 85 | 86 | 87 | 88 | 89 | 90 |
| 91 | 92 | 93 | 94 | 95 | 96 | 97 | 98 | 99 | 100 |

**zu Aufgabe 1.3.2**

a) $6 = 2 \cdot 3$

b) $14 = 2 \cdot 7$

c) $50 = 2 \cdot 5 \cdot 5$

d) $125 = 5 \cdot 5 \cdot 5$

e) $256 = 2 \cdot 2 \cdot 2 \cdot 2 \cdot 2 \cdot 2 \cdot 2 \cdot 2$

f) $396 = 2 \cdot 2 \cdot 3 \cdot 3 \cdot 11$

**zu Aufgabe 1.3.3**

a) $6 = \underline{2} \cdot 3$ und $8 = \underline{2} \cdot 2 \cdot 2$, somit ist der $ggT = 2$.

b) $15 = \underline{3} \cdot 5$ und $21 = \underline{3} \cdot 7$, somit ist der $ggT = 3$.

c) $16 = \underline{2} \cdot \underline{2} \cdot \underline{2} \cdot 2$ und $56 = \underline{2} \cdot \underline{2} \cdot \underline{2} \cdot 7$, somit ist der $ggT = 2 \cdot 2 \cdot 2 = 8$.

d) $30 = \underline{2} \cdot 3 \cdot \underline{5}$ und $40 = \underline{2} \cdot 2 \cdot 2 \cdot \underline{5}$, somit ist der $ggT = 2 \cdot 5 = 10$.

e) $9 = 9$ und $67 = 67$, somit ist der $ggT = 1$.

f) $140 = \underline{2} \cdot 2 \cdot 5 \cdot 7$ und $54 = \underline{2} \cdot 3 \cdot 3 \cdot 3$, somit ist der $ggT = 2$.

**Anmerkung:** Der größte gemeinsame Teiler von zwei Primzahlen ist immer 1.

**zu Aufgabe 1.3.4**

a)
- $3 = 3$
- $8 = 2 \cdot 2 \cdot 2$
- Somit ist das $kgV = 2 \cdot 2 \cdot 2 \cdot 3 = 24$

b)
- $5 = \cancel{5}$
- $25 = 5 \cdot 5$
- Somit ist das $kgV = 5 \cdot 5 = 25$

c)
- $25 = \cancel{5} \cdot 5$
- $105 = 3 \cdot 5 \cdot 7$
- Somit ist das $kgV = 3 \cdot 5 \cdot 5 \cdot 7 = 525$

d)
- $4 = \cancel{2} \cdot 2$
- $10 = 2 \cdot 5$
- Somit ist das $kgV = 2 \cdot 2 \cdot 5 = 20$

e)
- $20 = \cancel{2} \cdot \cancel{2} \cdot 5$
- $24 = 2 \cdot 2 \cdot 2 \cdot 3$
- Somit ist das $kgV = 2 \cdot 2 \cdot 2 \cdot 3 \cdot 5 = 120$

f)
- $12 = 2 \cdot 2 \cdot \cancel{3}$
- $15 = 3 \cdot 5$
- Somit ist das $kgV = 2 \cdot 2 \cdot 3 \cdot 5 = 60$

**zu Aufgabe 2.1.1**

a) $\frac{2}{5}$ oder auch zwei Fünftel

b) $\frac{4}{20}$ oder auch vier Zwanzigstel

c) $\frac{8}{9}$ oder auch acht Neuntel

d) $\frac{6}{16}$ oder auch sechs Sechszehntel

e) $\frac{4}{6}$ oder auch vier Sechsel

f) $\frac{1}{12}$ oder auch ein Zwölftel

**zu Aufgabe 2.1.2**

a)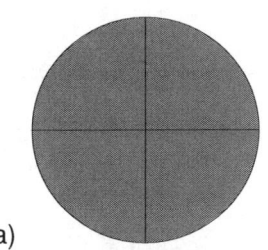

b)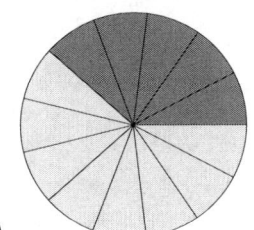

c)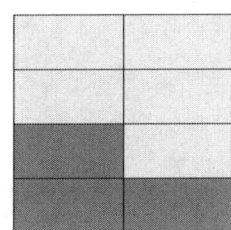

d)

**zu Aufgabe 2.2.1**

a) $1 + \frac{1}{3}$　　b) $1 + \frac{2}{10}$　　c) $4 + \frac{1}{7}$　　d) $4 + \frac{5}{25}$　　e) $6$　　f) $2 + \frac{9}{12}$

**zu Aufgabe 2.2.2**

a) $\frac{5}{3}$      b) $\frac{14}{12}$      c) $\frac{19}{7}$      d) $\frac{26}{9}$      e) $\frac{27}{5}$      f) $\frac{37}{6}$

**zu Aufgabe 2.3.1**

a) $\frac{2}{3}$      b) $\frac{3}{5}$      c) $\frac{16}{25}$      d) $\frac{8}{3}$      e) $\frac{3}{1} = 3$      f) $\frac{5}{7}$

**zu Aufgabe 2.3.2**

a) $\frac{15}{25}$      b) $\frac{12}{18}$      c) $\frac{4}{12}$      d) $\frac{6}{21}$      e) $\frac{100}{125}$      f) $\frac{34}{96}$

**zu Aufgabe 2.3.3**

a) $\frac{3}{4} = \frac{15}{20}$ und $\frac{4}{5} = \frac{16}{20} \rightarrow \frac{4}{5} > \frac{3}{4}$

b) $\frac{2}{5} = \frac{8}{20}$ und $\frac{1}{20} \rightarrow \frac{2}{5} > \frac{1}{20}$

c) $\frac{8}{3} = \frac{16}{6}$ und $\frac{1}{2} = \frac{3}{6} \rightarrow \frac{8}{3} > \frac{3}{6}$

d) $\frac{5}{8} = \frac{15}{24}$ und $\frac{1}{6} = \frac{4}{24} \rightarrow \frac{5}{8} > \frac{1}{6}$

e) $\frac{2}{3} = \frac{10}{15}$ und $\frac{2}{5} = \frac{6}{15} \rightarrow \frac{2}{3} > \frac{2}{5}$

f) $\frac{3}{8} = \frac{9}{24}$ und $\frac{3}{6} = \frac{12}{24} \rightarrow \frac{3}{6} > \frac{3}{8}$

g) $\frac{2}{4} = \frac{30}{60} = \frac{1}{2}$ und $\frac{3}{6} = \frac{30}{60} = \frac{1}{2}$ und $\frac{5}{10} = \frac{30}{60} = \frac{1}{2} \rightarrow \frac{2}{4} = \frac{3}{6} = \frac{5}{10}$

h) $\frac{5}{11} = \frac{60}{132}$ und $\frac{5}{12} = \frac{55}{132}$ und $\frac{1}{4} = \frac{33}{132} \rightarrow \frac{5}{11} > \frac{5}{12} > \frac{1}{4}$

**zu Aufgabe 2.4.1**

a) $\frac{3}{5}$

b) $\frac{1}{8}$

c) $\frac{2 \cdot 2}{3 \cdot 2} - \frac{1}{6} = \frac{4}{6} - \frac{1}{6} = \frac{3}{6} = \frac{1}{2}$

d) $\frac{5}{4} + \frac{1 \cdot 2}{2 \cdot 2} = \frac{5}{4} + \frac{2}{4} = \frac{7}{4}$

e) $\frac{7}{3} + \frac{1}{4} = \frac{7 \cdot 4}{3 \cdot 4} + \frac{1 \cdot 3}{4 \cdot 3} = \frac{28}{12} + \frac{3}{12} = \frac{31}{12}$

f) $\frac{1}{3} - \frac{1}{2} = \frac{1 \cdot 2}{3 \cdot 2} - \frac{1 \cdot 3}{2 \cdot 3} = \frac{2}{6} - \frac{3}{6} = -\frac{1}{6}$

g) $\frac{1}{8} + \frac{3}{4} = \frac{1 \cdot 3}{8 \cdot 3} + \frac{3 \cdot 6}{4 \cdot 6} = \frac{3}{24} + \frac{18}{24} = \frac{21}{24} = \frac{7}{8}$

h) $\frac{3}{7} + \frac{5}{7} + \frac{2}{21} = \frac{3 \cdot 3}{7 \cdot 3} + \frac{5 \cdot 3}{7 \cdot 3} + \frac{2}{21} = \frac{9}{21} + \frac{15}{21} + \frac{2}{21} = \frac{26}{21}$

**zu Aufgabe 2.4.2**

a) $\frac{4}{9} + \frac{2}{3} = \frac{10}{9} - \frac{8}{12} = \frac{4}{9} - \frac{9}{36} = \frac{7}{36} + \frac{2}{9} = \frac{5}{12}$

b) $\frac{1}{2} + \frac{8}{9} = \frac{25}{18} - \frac{7}{6} = \frac{2}{9} + \frac{17}{27} = \frac{23}{27} + \frac{5}{6} = \frac{91}{54}$

**zu Aufgabe 2.5.1**

a) $\frac{1 \cdot 1}{3 \cdot 4} = \frac{1}{12}$      c) $\frac{3 \cdot 1}{4 \cdot 3} = \frac{3}{12} = \frac{1}{4}$      e) $\frac{7 \cdot 3}{13 \cdot 11} = \frac{21}{143}$      g) $\frac{25 \cdot 21}{3 \cdot 20} = \frac{525}{60} = \frac{35}{4}$

b) $\frac{2 \cdot 1}{5 \cdot 3} = \frac{2}{15}$      d) $\frac{7 \cdot 8}{8 \cdot 3} = \frac{56}{24} = \frac{7}{3}$      f) $\frac{4 \cdot 2}{9} = \frac{8}{9}$

**zu Aufgabe 2.5.2**

a) $\frac{\cancel{8}}{4} \cdot \frac{2}{\cancel{8}} = \frac{1}{4} \cdot \frac{2}{1} = \frac{2}{4} = \frac{1}{2}$

b) $\frac{\cancel{8}}{\cancel{7}} \cdot \frac{\cancel{7}}{\cancel{8}} = 1$

c) $\frac{21^{\nearrow :7}}{\cancel{7}} \cdot \frac{15^{\nearrow :5}}{\cancel{5}} = \frac{3}{1} \cdot \frac{3}{1} = 9$

d) $\frac{78^{\nearrow :13}}{63^{\nearrow :7}} \cdot \frac{14^{\nearrow :7}}{\cancel{18}} = \frac{6}{9} \cdot \frac{2}{1} = \frac{12}{9} = \frac{4}{3}$

**zu Aufgabe 2.6.1**

a) $\frac{3}{2} : \frac{2}{5} = \frac{3}{2} \cdot \frac{5}{2} = \frac{15}{4}$

c) $\frac{3}{2} : \frac{5}{2} = \frac{3}{\cancel{2}} \cdot \frac{\cancel{2}}{5} = \frac{3}{1} \cdot \frac{1}{5} = \frac{3}{5}$

b) $\frac{1}{4} : \frac{4}{5} = \frac{1}{4} \cdot \frac{5}{4} = \frac{5}{16}$

d) $\frac{48}{9} : \frac{12}{3} = \frac{48}{9} \cdot \frac{3}{12} = \frac{48^{:12}}{9^{:3}} \cdot \frac{\cancel{3}}{\cancel{12}} = \frac{4}{3} \cdot 1 = \frac{4}{3}$

**zu Aufgabe 3.1.1**

|     | Zehner | Einer | Zehntel | Hundertstel | Tausendstel | **Dezimalzahl** |
|-----|--------|-------|---------|-------------|-------------|-----------------|
| a)  |        | 3     | 1       | 2           |             | 3,12            |
| b)  | 4      | 2     | 3       | 5           | 1           | 42,351          |
| c)  |        | 0     | 8       | 0           | 1           | 0,801           |
| d)  |        | 0     | 3       | 4           | 7           | 0,347           |
| e)  |        | 7     | 3       |             |             | 7,3             |
| f)  |        | 6     | 3       | 0           | 1           | 6,301           |
| g)  | 2      | 8     | 1       | 2           | 2           | 28,122          |
| h)  |        |       | 5       | 1           |             | 0,51            |

**zu Aufgabe 3.1.2**

a) $\frac{34}{100}$   b) $\frac{481}{100}$   c) $\frac{1}{1000}$   d) $\frac{4001}{100}$   e) $\frac{101}{1000}$   f) $\frac{8615}{1000}$

**zu Aufgabe 3.2.1**

a) $0,341 < 0,342$   d) $1,09 < 9,01$   g) $3,21 > 3,12$   j) $1,2345 < 1,23456$

b) $1,01 > 1,001$   e) $20,02 < 20,022$   h) $3,02 = 3,020$

c) $2,423 < 3,423$   f) $4 = 4,000$   i) $2,3 < 3,2$

**zu Aufgabe 3.2.2**

a) 1,4300; 1,0043; 0,4301; 0,3410; 0,1430; 0,1403;

b) 8,0247; 4,7082; 2,4780; 2,4708; 0,2487; 0,2478;

c) 3,3210; 3,3120; 3,1230; 3,1203; 3,1023; 3,0123;

**zu Aufgabe 3.3.1**

a) $3,2 \approx 3$   c) $10,00 = 10$   e) $11,5 \approx 12$   g) $44,999 \approx 45$   i) $9,8 \approx 10$

b) $5,231 \approx 5$   d) $12,82 \approx 13$   f) $14,214 \approx 14$   h) $12,34 \approx 12$

**zu Aufgabe 3.3.2**

a) 1,3532 ≈ 1,35       d) 1,4633 ≈ 1,46       g) 12,342 ≈ 12,34

b) 0,1234 ≈ 0,12       e) 2,0013 ≈ 2,00       h) 9,9983 ≈ 10,00

c) 9,8766 ≈ 9,88       f) 1,9975 ≈ 2,00       i) 1,0101 ≈ 1,01

**zu Aufgabe 3.4.1**

a)

|   | E | | $\frac{1}{10}$ | $\frac{1}{100}$ |
|---|---|---|---|---|
|   | 2 | , | 1 | 4 |
| + | 3 | , | 2 | 1 |
| Ü: |   |   |   |   |
|   | 5 | , | 3 | 5 |

e)

|   | Z | E | | $\frac{1}{10}$ | $\frac{1}{100}$ |
|---|---|---|---|---|---|
|   | 1 | 0 | , | 0 | 0 |
| + |   | 0 | , | 0 | 1 |
| Ü: |   |   |   |   |   |
|   | 1 | 0 | , | 0 | 1 |

b)

|   | E | | $\frac{1}{10}$ | $\frac{1}{100}$ |
|---|---|---|---|---|
|   | 1 | , | 2 | 3 |
| + | 3 | , | 2 | 1 |
| Ü: |   |   |   |   |
|   | 4 | , | 4 | 4 |

f)

|   | Z | E | | $\frac{1}{10}$ | $\frac{1}{100}$ | $\frac{1}{1000}$ |
|---|---|---|---|---|---|---|
|   | 6 | 5 | , | 9 | 8 | 7 |
| + |   | 2 | , | 4 | 5 | 3 |
| Ü: |   | 1 |   | 1 | 1 |   |
|   | 6 | 8 | , | 4 | 4 | 0 |

c)

|   | E | | $\frac{1}{10}$ | $\frac{1}{100}$ |
|---|---|---|---|---|
|   | 1 | , | 4 | 6 |
| + | 2 | , | 8 | 9 |
| Ü: | 1 |   | 1 |   |
|   | 4 | , | 3 | 5 |

g)

|   | Z | E | | $\frac{1}{10}$ | $\frac{1}{100}$ |
|---|---|---|---|---|---|
|   |   | 1 | 2 | , | 3 | 4 |
| - |   |   | 6 | , | 2 | 3 |
| Ü: | 1 |   |   |   |   |
|   |   |   | 6 | , | 1 | 1 |

d)

|   | E | | $\frac{1}{10}$ | $\frac{1}{100}$ |
|---|---|---|---|---|
|   | 4 | , | 0 | 0 |
| + | 5 | , | 2 | 3 |
| Ü: |   |   |   |   |
|   | 9 | , | 2 | 3 |

h)

|   | Z | E | | $\frac{1}{10}$ | $\frac{1}{100}$ |
|---|---|---|---|---|---|
|   | 1 | 1 | , | 4 | 6 |
| - | 1 | 0 | , | 4 | 6 |
| Ü: |   |   |   |   |   |
|   |   | 1 | , | 0 | 0 |

i)

| | Z | E | , | $\frac{1}{10}$ |
|---|---|---|---|---|
| | 2 | 0 | , | 0 |
| - | | 2 | , | 5 |
| Ü: | 1 | 1 | | |
| | 1 | 7 | , | 5 |

j)

| | Z | E | , | $\frac{1}{10}$ | $\frac{1}{100}$ | $\frac{1}{1000}$ |
|---|---|---|---|---|---|---|
| | 1 | 8 | , | 1 | 4 | 9 |
| - | 1 | 6 | , | 0 | 0 | 0 |
| Ü: | | | | | | |
| | | 2 | , | 1 | 4 | 9 |

**zu Aufgabe 3.4.2**

a)

| | Z | E | , | $\frac{1}{10}$ | $\frac{1}{100}$ |
|---|---|---|---|---|---|
| | | 2 | , | 4 | 5 |
| + | | 1 | , | 3 | 8 |
| + | | 8 | , | 2 | 1 |
| Ü: | | 1 | | 1 | |
| | 1 | 2 | , | 0 | 4 |

c)

| | E | , | $\frac{1}{10}$ | $\frac{1}{100}$ |
|---|---|---|---|---|
| | 2 | , | 7 | 8 |
| + | 1 | , | 8 | 3 |
| + | 2 | , | 5 | 0 |
| Ü: | 2 | | 1 | |
| | 7 | , | 1 | 1 |

b)

| | Z | E | , | $\frac{1}{10}$ | $\frac{1}{100}$ | $\frac{1}{1000}$ |
|---|---|---|---|---|---|---|
| | | 7 | , | 2 | 8 | 0 |
| + | 1 | 0 | , | 2 | 0 | 0 |
| + | | 4 | , | 5 | 5 | 3 |
| Ü: | 1 | 1 | | 1 | | |
| | 2 | 2 | , | 0 | 3 | 3 |

**zu Aufgabe 3.5.1**

a)

| 3, | 2 | 4 | · | 5 |
|---|---|---|---|---|
| | 1 | 6, | 2 | 0 |

b)

| 2, | 1 | 8 | · | 3 |
|---|---|---|---|---|
| | | 6, | 5 | 4 |

d)

| | 1, | 1 | 8 | · | 1 | 8 |
|---|---|---|---|---|---|---|
| | | | 1 | 1 | 8 | |
| + | | | 9 | 4 | 4 | |
| Ü: | | 1 | 1 | | | |
| | 2 | 1, | 2 | 4 | | |

c)  5,55 · 10 = 55,5

e)

|  | 6, | 2 | 9 | · | 3 | 8 |
|---|---|---|---|---|---|---|
|  |  | 1 | 8 | 8 | 7 |  |
| + |  |  | 5 | 0 | 3 | 2 |
| Ü: |  | 1 |  | 1 |  |  |
|  | 2 | 3 | 9, | 0 | 2 |  |

h)

|  | 1, | 3 | 8 | · | 2, | 6 | 9 |
|---|---|---|---|---|---|---|---|
|  |  |  | 2 | 7 | 6 |  |  |
| + |  |  |  | 8 | 2 | 8 |  |
| + |  |  | 1 | 2 | 4 | 2 |  |
| Ü: |  | 1 | 1 | 1 |  |  |  |
|  |  | 3, | 7 | 1 | 2 | 2 |  |

f)

|  | 0, | 3 | 8 | · | 1 | 3 | 7 |
|---|---|---|---|---|---|---|---|
|  |  |  |  | 3 | 8 |  |  |
| + |  |  | 1 | 1 | 4 |  |  |
| + |  |  | 2 | 6 | 6 |  |  |
| Ü: |  | 1 | 1 |  |  |  |  |
|  |  |  | 5 | 2, | 0 | 6 |  |

i)

|  | 1, | 1 | 1 | · | 7, | 1 | 8 |
|---|---|---|---|---|---|---|---|
|  |  |  | 7 | 7 | 7 |  |  |
| + |  |  | 1 | 1 | 1 |  |  |
| + |  |  | 8 | 8 | 8 |  |  |
| Ü: |  |  | 1 |  |  |  |  |
|  |  | 7, | 9 | 6 | 9 | 8 |  |

g)

|  | 7, | 6 | 3 | · | 2, | 5 |
|---|---|---|---|---|---|---|
|  |  | 1 | 5 | 2 | 6 |  |
| + |  | 3 | 8 | 1 | 5 |  |
| Ü: |  | 1 |  |  |  |  |
|  | 1 | 9, | 0 | 7 | 5 |  |

**zu Aufgabe 3.5.2**

a)

```
  0, 2  8  8  :  4  =  0,  0  7  2
- 0
  0  2
-    0
     2  8
  -  2  8
        0  8
     -     8
           0
```

b)

```
  1, 2  7  0  :  2  =  0,  6  3  5
- 0
  1  2
- 1  2
     0  7
  -     6
        1  0
     -  1  0
           0
```

```
0,  4  1  1  :  3  =  0,  1  3  7
-  0
─────────────────────────────────────
   0  4
-     3
─────────────────────────────────────
      1  1
-        9
─────────────────────────────────────
         2  1
-        2  1
─────────────────────────────────────
            0
```

c)

```
4  4  3,  1  :  7  =  6  3,  3
-  4  2
─────────────────────────────────────
      2  3
-     2  1
─────────────────────────────────────
         2  1
-        2  1
─────────────────────────────────────
            0
```

f)

g) $12,4 : 2,2 = 5,\overline{63}$

```
1  2  4  :  2  2  =  5,  6  3  6  3
-  1  1  0
─────────────────────────────────────
      1  4  0
-     1  3  2
─────────────────────────────────────
            8  0
-           6  6
─────────────────────────────────────
            1  4  0
-           1  3  2
─────────────────────────────────────
               8  0
               ⋮
```

```
1  3  0,  9  :  1  1  =  1  1,  9
-  1  1
─────────────────────────────────────
      2  0
-     1  1
─────────────────────────────────────
         9  9
-        9  9
─────────────────────────────────────
            0
```

d)

h) $23 : 999 = 0,\overline{023}$

```
2  3  :  9  9  9  =  0,  0  2  3  0  2  3
-        0
─────────────────────────────────────
2  3  0
-        0
─────────────────────────────────────
2  3  0  0
-  1  9  9  8
─────────────────────────────────────
   3  0  2  0
-  2  9  9  7
─────────────────────────────────────
      2  3  0
-        0
─────────────────────────────────────
   2  3  0  0
-  1  9  9  8
─────────────────────────────────────
   3  0  2  0
      ⋮
```

```
2  7,  5  8  5  :  9  =  3,  0  6  5
-  2  7
─────────────────────────────────────
   0  5
-     0
─────────────────────────────────────
      5  8
-     5  4
─────────────────────────────────────
         4  5
-        4  5
─────────────────────────────────────
            0
```

e)

## zu Aufgabe 3.5.3

a) Keine Periode: $\frac{1}{5} = 0,2$

b) Periode mit Länge 1: $\frac{8}{9} = 0,\overline{8}$

c) Periode mit Länge 1: $\frac{1}{3} = 0,\overline{3}$

d) Periode mit Länge 1: $\frac{5}{6} = 0,8\overline{3}$

e) Keine Periode: $\frac{12}{24} = 0,5$

f) Periode mit Länge 6: $\frac{3}{7} = 0,\overline{428571}$

**zu Aufgabe 3.6.1**

a) $44{,}44 = \frac{4444}{100}$

b) $1{,}123 = \frac{1123}{1000}$

c) $0{,}00001 = \frac{1}{100000}$

d) $42{,}00009 = \frac{4200009}{100000}$

e) $8408094{,}1 = \frac{84080941}{10}$

f) $3{,}\overline{33} = 3 + \frac{33}{99} = 3 + \frac{1}{3} = \frac{9}{3} + \frac{1}{3} = \frac{10}{3}$

g) $88{,}\overline{77} = 88 + \frac{77}{99} = \frac{792}{9} + \frac{7}{9} = \frac{799}{9}$

h) $0{,}0\overline{1} = \frac{0{,}\overline{1}}{10} = \frac{\frac{1}{9}}{10} = \frac{1}{9} : \frac{10}{1} = \frac{1}{9} \cdot \frac{1}{10} = \frac{1}{90}$

i) $1{,}1\overline{36} = \frac{11{,}\overline{36}}{10} = \frac{11 + \frac{36}{99}}{10} = \frac{\frac{11\cdot 99}{99} + \frac{36}{99}}{10} =$
$\frac{\frac{1089}{99} + \frac{36}{99}}{10} = \frac{\frac{1125}{99}}{10} = \frac{1125}{99} : \frac{10}{1} = \frac{1125}{99} \cdot \frac{1}{10} =$
$\frac{1125}{990} = \frac{225}{198} = \frac{25}{22}$

**zu Aufgabe 4.4.1**

a) $123\text{cm} = 1{,}23\text{m}$

b) $1{,}25\text{kg} = 1250\text{g}$

c) $2{,}8\text{t} = 2800\text{kg}$

d) $10{,}2\text{m} = 1020\text{cm}$

e) $2025\text{kg} = 2{,}025\text{t}$

f) $20{,}05$ Euro $= 2005$ Cent

g) $1{,}5\text{h} = 90\text{min}$

h) $5{,}7\text{km} = 5700\text{m}$

i) $870\text{g} = 0{,}87\text{kg}$

j) $5$ US-Dollar $= 4{,}38$ Euro

k) $2{,}8\text{kg} = 2800\text{g}$

l) $720\text{s} = 12\text{min}$

m) $22$ Cent $= 0{,}22$ Euro

**zu Aufgabe 4.5.1**

a) $6\text{m} + 120\text{cm} = 600\text{cm} + 120\text{cm} = 720\text{cm} = 7{,}2\text{m}$

b) $4800\text{kg} - 1{,}6\text{t} = 4{,}8\text{t} - 1{,}6\text{t} = 3{,}2\text{t} = 3200\text{kg}$

c) $1\text{min} + 30\text{s} = 60\text{s} + 30\text{s} = 90\text{s} = 1{,}5\text{min}$

d) $5{,}8\text{cm} + 45\text{m} = 5{,}8\text{cm} + 4500\text{cm} = 4505{,}8\text{cm} = 45{,}058\text{m}$

e) $1{,}3\text{t} - 1200\text{g} = 1300000\text{g} - 1200\text{g} = 1298800\text{g} = 1298{,}8\text{kg} = 1{,}2988\text{t}$

f) $4{,}5\text{cm} - 80\text{mg}$, keine weitere Rechnung möglich.

g) $4{,}5\text{min} + 330\text{s} = 270\text{s} + 330\text{s} = 600\text{s} = 10\text{min}$

h) $9{,}8\text{km} - 3200\text{m} = 9800\text{m} - 3200\text{m} = 6600\text{m} = 6{,}6\text{km}$

i) $2$ Euro $- 200$ Cent $= 2$ Euro $- 2$ Euro $= 0$ Euro.

j) $4\text{cm} + 3\text{mm} = 40\text{mm} + 3\text{mm} = 43\text{mm} = 4{,}3\text{cm}$

k) $2\text{t} + 888\text{cm}$, keine weitere Rechnung möglich.

l) $42\text{mm} - 6$ Euro, keine weitere Rechnung möglich.

**zu Aufgabe 4.5.2**

a) $5{,}4\text{kg} \cdot 5 = 27\text{kg}$

b) $30\text{mm} \cdot 3 = 90\text{mm}$

c) $20\text{km} \cdot 10 = 200\text{km}$

d) $1000\text{g} : 4 = 250\text{g}$

e) $1\text{m} : 5 = 0{,}2\text{m}$

f) $2{,}5\text{km} : 5 = 0{,}5\text{km}$

g) $20\text{m} \cdot 10\text{cm} =$
   $20\text{m} \cdot 0{,}1\text{m} = 2\text{m}^2$

h) $5\text{km} : 1000\text{m} = \frac{5\text{km}}{1\text{km}} = 5$

i) $2000\text{g} : 1\text{kg} = \frac{2\text{kg}}{1\text{kg}} = 2$

j) $60\text{kg} : 6\text{kg} = \frac{10\text{kg}}{1\text{kg}} = 10$

k) $20\text{m} : 10\text{s} = \frac{2\text{m}}{1\text{s}} = 2\frac{\text{m}}{\text{s}}$

**zu Aufgabe 5.1.1**

a) Rechter Winkel

b) Spitzer Winkel

c) Überstumpfer Winkel

d) Überstumpfer Winkel

e) Gestreckter Winkel

**zu Aufgabe 5.2.1**

a) $45°$: Spitzer Winkel

b) $90°$: Rechter Winkel

c) $120°$: Stumpfer Winkel

d) $360° - 135° = 225°$: Überstumpfer Winkel

e) $360° - 50° = 310°$: Überstumpfer Winkel

**zu Aufgabe 5.3.1**

a)

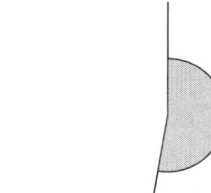

b)

c)

d)

**zu Aufgabe 6.1.1**

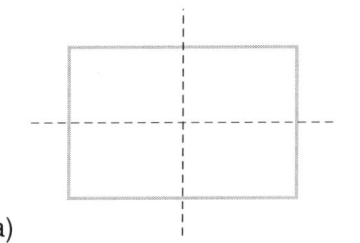

a)

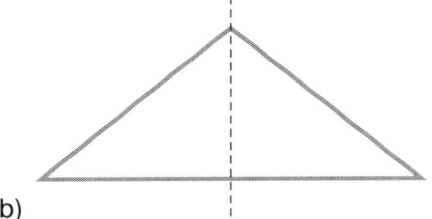

b)

c)

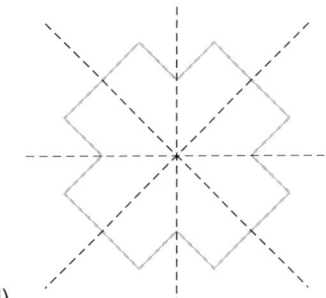

d)

**zu Aufgabe 6.2.1**

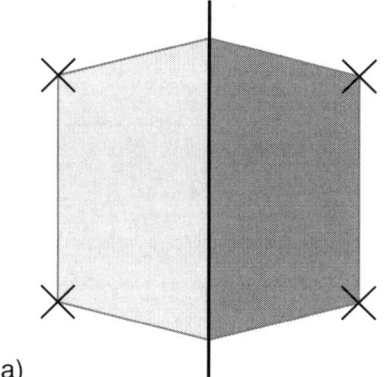

a)

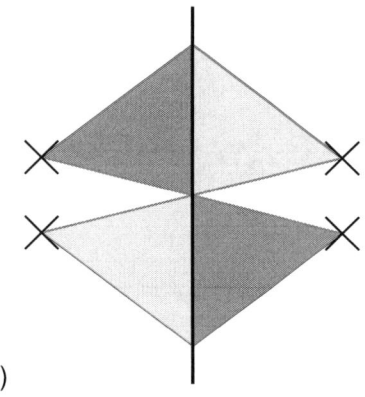

b)

c)

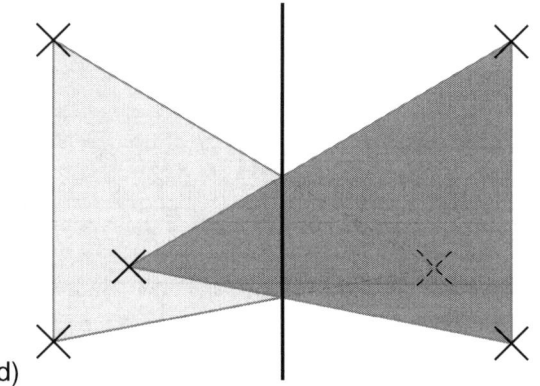

d)

**zu Aufgabe 6.3.1**

a) Ja (180°)

b) Ja (180°)

c) Nein

d) Ja (30°, 60°, 90°, ... , 330°)

**zu Aufgabe 6.4.1**

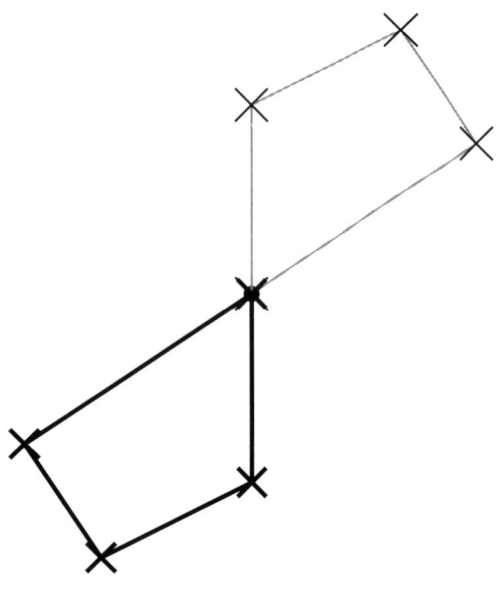

**zu Aufgabe 6.4.2**

a) Um 30° nach links.

c) Um 45° nach rechts

b) Um 150° nach rechts.

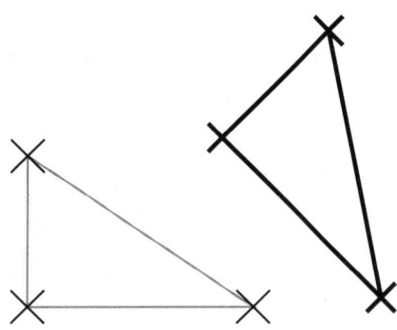

**zu Aufgabe 7.0.1**

a) 40%  c) 115%  e) 40%  g) $\frac{3}{9} = 0,\overline{3} = 33,\overline{3}\%$

b) 12%  d) 40%  f) 123%  h) $\frac{2}{3} = 0,\overline{6} = 66,\overline{6}\%$

**zu Aufgabe 7.0.2** $\frac{6}{5} > \frac{47}{50} > \frac{21}{30} > \frac{2}{5} > \frac{7}{20} > 32,5\% > \frac{50}{1000} > \frac{7}{250}$

a) $\frac{6}{5} = 120\%$  c) $\frac{7}{20} = 35\%$  e) 32,5%  g) $\frac{50}{1000} = 5\%$

b) $\frac{7}{250} = 2,8\%$  d) $\frac{2}{5} = 40\%$  f) $\frac{21}{30} = 70\%$  h) $\frac{47}{50} = 94\%$

**zu Aufgabe 7.0.3** Fabiola trifft in $\frac{19}{30} = 63,\overline{3}\%$ der Fälle und Maxi in $\frac{12}{20} = 60\%$ der Fälle. Somit hat Fabiola die bessere Trefferquote.

**zu Aufgabe 7.0.4**

a) 50%  b) $33,\overline{3}\%$  c) $66,\overline{6}\%$  d) $55,\overline{5}\%$

**zu Aufgabe 7.1.1**

a) $\frac{2,5}{8} = 31,25\%$

b) $\frac{1,9}{7,1+1,9} = 21,\overline{1}\%$

c) Bei Jonas: Grundwert = 8 Euro, Prozentwert = 2,50 Euro und Prozentsatz = 31,25%. Bei Simon: Grundwert = 9 Euro, Prozentwert = 1,90 Euro und Prozentsatz = 21,$\overline{1}$%.

**zu Aufgabe 7.1.2**

a) $1250 \cdot \frac{24}{100} = 300$. Also machen 300 von den 1250 Schülern und Schülerinnen Sport.

b) Die Angabe bezieht sich auf alle Schüler, die kein Sport machen. Also ist der Grundwert: $1250 - 300 = 950$. Davon spielen 12%, das ergibt einen Prozentwert von: $950 \cdot \frac{12}{100} = 114$ Schülerinnen und Schüler.

**zu Aufgabe 7.1.3** Der erste Kalender kostet $12 - 12 \cdot \frac{5}{100} = 11,40$ € und der zweite kostet $15 - 15 \cdot \frac{20}{100} = 12$ €. Somit ist der erste Kalender billiger.

**zu Aufgabe 7.1.4**

a) Haferflocken: 1,125kg = 1125g, Mandeln = 0,55kg = 550g, dunkle Schokolade: 0,325kg = 325g, Knusperbällchen: 0,25kg = 250g und weiße Schokolade: 0,25kg = 250g

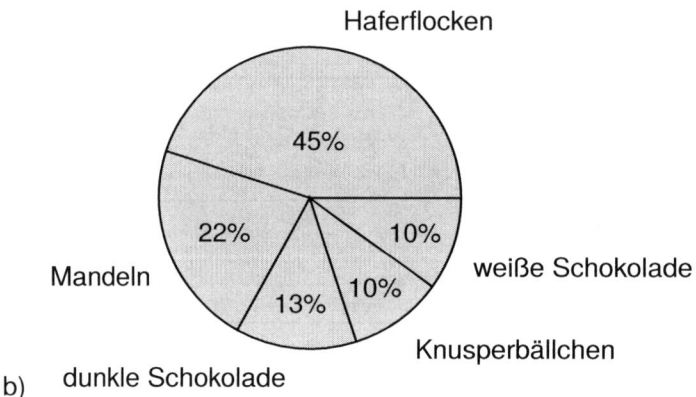

b)

**zu Aufgabe 7.2.1**

|                       | a)   | b)    | c)   | d)   | e)     | f)     |
|-----------------------|------|-------|------|------|--------|--------|
| Guthaben in Euro      | 400  | 600   | 4000 | 2400 | 7252   | 8515,5 |
| Zinssatz              | 3%   | 3,66% | 5%   | 2,5% | 1,5%   | 2%     |
| Jahreszinsen in Euro  | 12   | 22    | 200  | 60   | 108,78 | 170,31 |

**zu Aufgabe 7.2.2** Nach drei Jahren hat Annika 143,81 Euro mehr auf dem Konto.

|         | 1. Jahr    | 2. Jahr    | 3. Jahr    |
|---------|------------|------------|------------|
| Annika  | 1522,5 €   | 1545,34 €  | **1568,5 €** |
| Florian | 1340,3 €   | 1381,85 €  | 1424,69 €  |

**zu Aufgabe 8.1.1** Bei Tobi ergibt sich eine relative Häufigkeit von $\frac{182}{250} = 0,728 = 72,8\%$, bei Maria von $\frac{312}{500} = 0,624 = 62,4\%$ und bei Helge $\frac{455}{750} = 0,60\overline{6} \approx 60,66\%$. Wir schätzen also insgesamt $P(\text{Kopf}) = 0,6$.

**zu Aufgabe 8.2.1**

a) $\frac{1}{52} = 1,92\%$      b) $\frac{26}{52} = 50\%$      c) $\frac{13}{52} = 25\%$      d) $\frac{39}{52} = 75\%$

**zu Aufgabe 8.3.1**

a) $\frac{18}{37} \approx 48,6\%$

b) Wir sehen hier die Null nicht als gerade an: $\frac{18}{37} \approx 48,6\%$

c) $\frac{6}{37} \approx 16,2\%$

**zu Aufgabe 8.4.1**

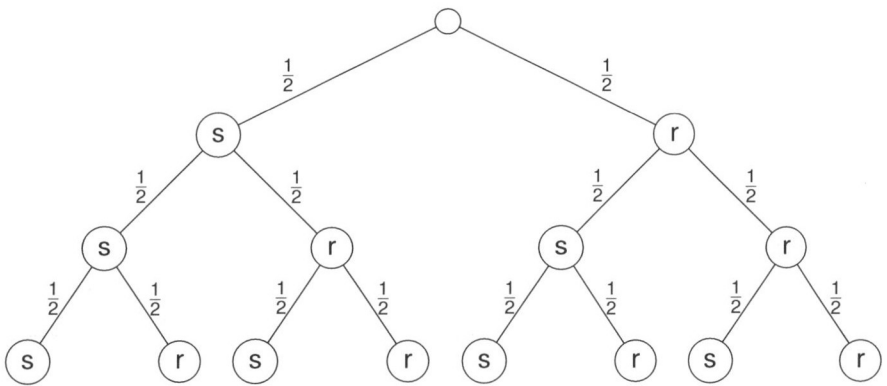

a) Die Wahrscheinlichkeit beträgt $\frac{1}{2} \cdot \frac{1}{2} \cdot \frac{1}{2} = 12,5\%$.

b) $\frac{1}{2} \cdot \frac{1}{2} \cdot \frac{1}{2} + \frac{1}{2} \cdot \frac{1}{2} \cdot \frac{1}{2} + \frac{1}{2} \cdot \frac{1}{2} \cdot \frac{1}{2} + \frac{1}{2} \cdot \frac{1}{2} \cdot \frac{1}{2} = 50\%$

c) $1 - \left(\frac{51}{52} \cdot \frac{51}{52} \cdot \frac{51}{52}\right) = 5,66\%$ - Anmerkung: Die Wahrscheinlichkeit keine Kreuz-Sieben pro Zug zu sehen beträgt 51/52. Wenn wir also von 100% ausgehen und die Wahrscheinlichkeit abziehen, dass er keine Kreuz-Sieben gesehen hat, erhalten wir die Wahrscheinlichkeit, dass er eine gesehen hat. Das nennen wir **Gegenwahrscheinlichkeit**.

**zu Aufgabe 8.4.2** Die Wahrscheinlichkeit kann niemals höher als 100% sein. Mit einer Wahrscheinlichkeit von 0,5 trifft Christoph Karli, also trifft er die zu 50% nicht. Petra trifft er mit 75% Wahrscheinlichkeit und mir 25% nicht. Also ergibt sich:

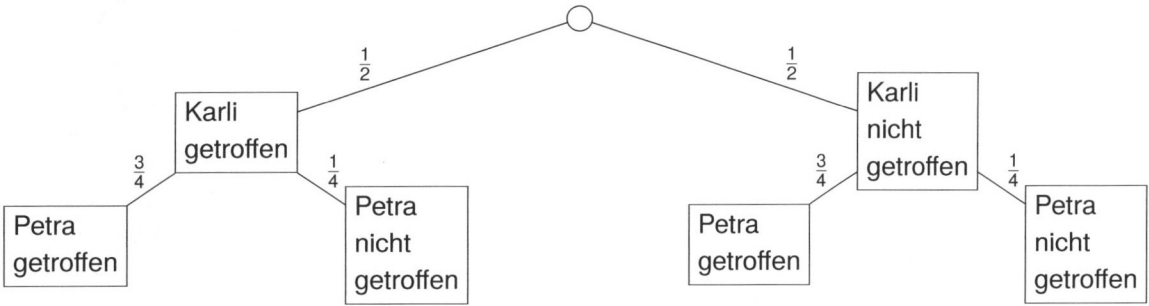

Wir treffen also mindestens einen der beiden mit einer Wahrscheinlichkeit von $\frac{1}{2} \cdot \frac{3}{4} + \frac{1}{2} \cdot \frac{1}{4} + \frac{1}{2} \cdot \frac{3}{4} = 87,5\%$.

# Lernen selbstständig zu lernen

Du sitzt an deinen Mathematik Hausaufgaben oder
bereitest dich auf eine Klassenarbeit vor und kommst
einfach nicht weiter? Vielleicht habt ihr das Thema
gerade erst in der Schule angefangen und du bist so
schnell nicht mitgekommen?

Deutschlands erfolgreichste Mathe Online-Tutoren Daniel Jung und Andreas Schneider
stehen dir rund um die Uhr mit passenden Erklärungen zur Seite.
**Und das absolut kostenlos!**

**#letsrockmathe by** *Daniel Jung*

Daniel Jung ist Deutschlands erfolgreichster Mathe YouTuber und stellt dir kostenlos über
2.200 Erklärvideos auf YouTube zur Verfügung. Nutze seinen Kanal und du wirst nie wieder
an Mathe verzweifeln.
Ergänzend dazu gibt es Daniel Jungs Lernhefte für jede Klassenstufe, das Abitur und das
Studium.

## Andreas Schneider – Autor von Mathebibel.de

Mathebibel.de ist dein kostenloses Online-Lehrbuch! Hier findest
du ausführliche Erklärungen und passende Aufgaben zu fast allen
mathematischen Themen einfach und anschaulich erklärt.

Die interaktiven, themenbasierten Mathebibel Trainingshefte bieten
dir allerhand Aufgaben und ausführliche Musterlösungen auf ma-
thebibel.de.